René Guénon

Los Estados múltiples del Ser

René Guénon
(1886-1951)

Los Estados múltiples del Ser
1932

Título original: *"Les États multiples de l'être"*
Primera publicación en 1932 - Paris, L'Anneau d'or (Véga)

Publicado por
Omnia Veritas Ltd

www.omnia-veritas.com

PREFACIO 7

CAPÍTULO I 17
El Infinito y la Posibilidad 17

CAPÍTULO II 28
Posibles y composibles 28

CAPÍTULO III 40
El Ser y el No Ser 40

CAPÍTULO IV 50
Fundamento de la teoría de los estados múltiples 50

CAPÍTULO V 58
Relaciones de la unidad de la multiplicidad 58

CAPÍTULO VI 65
Consideraciones analógicas sacadas del estudio del estado de sueño 65

CAPÍTULO VII 74
Las posibilidades de la consciencia individual 74

CAPÍTULO VIII 84
La mente, elemento característico de la individualidad humana 84

CAPÍTULO IX 94
La jerarquía de las facultades individuales 94

CAPÍTULO X 100
Los confines de lo indefinido 100

CAPÍTULO XI 106

Principios de distincion entre los estados de ser 106

Capítulo XII 115
Los dos caos 115

Capítulo XIII 120
Las jerarquías espirituales 120

Capítulo XIV 129
Respuesta a las objeciones sacadas de la pluralidad de los seres 129

Capítulo XV 135
La realización del Ser por el conocimiento 135

Capítulo XVI 142
Conocimiento y consciencia 142

Capítulo XVII 151
Necesidad y contingencia 151

Capítulo XVIII 159
Noción metafísica de la libertad 159

Prefacio

En nuestro precedente estudio sobre *El Simbolismo de la Cruz*, hemos expuesto, según los datos provistos por las diferentes doctrinas tradicionales, una representación geométrica del ser que está basada enteramente sobre la teoría metafísica de los estados múltiples. El presente volumen será a este respecto como un complemento suyo, ya que las indicaciones que hemos dado no bastan quizás para hacer sobresalir todo el alcance de esta teoría, que debe considerarse como enteramente fundamental; en efecto, hemos debido limitarnos entonces a lo que se refería más directamente a la meta claramente definida que nos proponíamos. Por eso es por lo que, dejando de lado ahora la representación simbólica que hemos descrito, o al menos no recordándola en cierto modo más que incidentalmente cuando haya lugar a referirnos a ella, consagraremos enteramente este nuevo trabajo a un desarrollo más amplio de la teoría de que se trata, ya sea, y primeramente, en su principio mismo, ya sea en algunas de sus aplicaciones, en lo que concierne más particularmente al ser considerado bajo su aspecto humano.

En lo que concierne a este último punto, quizás no es inútil recordar desde ahora que el hecho de detenernos en las consideraciones de este orden no implica en modo alguno que el estado humano ocupe un rango privilegiado en el conjunto de la Existencia universal, o que se distinga metafísicamente, en relación a los demás estados, por la posesión de una prerrogativa cualquiera. En realidad, este estado humano no es más que un estado de manifestación como todos los demás, y entre una indefinidad de otros; en la jerarquía de los grados de la Existencia, se sitúa en el lugar que le está asignado por su naturaleza misma, es decir, por el carácter limitativo de las condiciones que le definen, y este lugar no le confiere ni superioridad ni inferioridad absoluta. Si a veces debemos considerar particularmente este estado, es pues únicamente porque, siendo el estado en el que nos encontramos de hecho, por eso mismo adquiere para nosotros, pero para nosotros solamente, una importancia especial; así pues, en esto no se trata más que un punto de vista completamente relativo y contingente, el de los individuos que somos en nuestro presente modo de manifestación. Por eso es por lo que, concretamente, cuando hablamos de estados superiores y de estados inferiores, es siempre con relación al estado humano, tomado como término de comparación, como debemos operar esta repartición jerárquica, puesto que no hay ningún otro que nos sea directamente comprensible en tanto que individuos; y es menester no olvidar que toda expresión, siendo la envoltura en una forma, se efectúa necesariamente en modo individual, de suerte que, cuando queremos hablar de algo, concerniente a las verdades de orden puramente metafísico, no podemos hacerlo más que descendiendo a un orden completamente diferente, esencialmente relativo y limitado, para traducirlas al lenguaje que es el de las individualidades humanas. Se comprenderá sin esfuerzo todas las precauciones y las reservas que impone la inevitable imperfección de este lenguaje, tan manifiestamente inadecuado a lo que debe expresar en parecido caso; hay ahí una desproporción evidente, y, por lo demás, se puede decir otro tanto para toda representación formal, cualquiera que sea, comprendidas ahí las representaciones propiamente simbólicas, no obstante incomparablemente menos estrechamente limitadas que el lenguaje ordinario, y por consecuencia más aptas para la comunicación de las verdades transcendentes, de aquí el empleo que se hace de ellas constantemente en toda enseñanza que posea un carácter verdaderamente "iniciático" y tradicional[1]. Por eso es por lo que, como lo hemos hecho

---

[1] A propósito de esto, haremos observar incidentemente que el hecho de que el punto de vista filosófico no haga llamada jamás a ningún simbolismo, bastaría por

observar ya en varias ocasiones, conviene, para no alterar la verdad por una exposición parcial, restrictiva o sistematizada, reservar siempre la parte de lo inexpresable, es decir, de lo que no podría encerrarse en ninguna forma, y que, metafísicamente, es en realidad lo que más importa, podemos decir incluso todo lo esencial.

Ahora bien, si se quiere ligar, siempre en lo que concierne a la consideración del estado humano, el punto de vista individual al punto de vista metafísico, como debe hacerse siempre si se trata de "ciencia sagrada", y no solo de saber "profano", diremos esto: la realización del ser total puede llevarse a cabo a partir de no importa cuál estado tomado como base y como punto de partida, en razón misma de la equivalencia de todos los modos de existencia contingentes al respecto de lo Absoluto; así pues, puede llevarse a cabo a partir del estado humano de la misma manera que desde todo otro, e incluso, como ya lo hemos dicho en otra parte, a partir de toda modalidad de este estado, lo que equivale a decir que es concretamente posible para el hombre corporal y terrestre, piensen lo que piensen de ello los occidentales, inducidos a

---

sí sólo para mostrar el carácter exclusivamente "profano" y completamente exterior de este punto de vista especial y del modo de pensamiento al cual corresponde.

error, en cuanto a la importancia que conviene atribuir a la "corporeidad", por la extraordinaria insuficiencia de sus concepciones concernientes a la constitución del ser humano[2]. Puesto que éste es el estado en el que nos encontramos actualmente, es de ahí desde donde debemos partir efectivamente si nos proponemos alcanzar la realización metafísica, a cualquier grado que sea, y esa es la razón esencial por la cual este caso debe ser considerado más especialmente por nosotros; por lo demás, puesto que hemos desarrollado estas consideraciones precedentemente, no insistiremos más en ello, tanto más cuanto que nuestra exposición misma permitirá comprenderlas mejor todavía[3].

Por otra parte, para descartar toda confusión posible, debemos recordar desde ahora que, cuando hablamos de los estados múltiples del ser, se trata, no de una simple multiplicidad numérica, o incluso más generalmente cuantitativa, sino más bien de una multiplicidad de orden "transcendental" o verdaderamente universal, aplicable a todos los dominios que constituyen los diferentes "mundos" o grados de la Existencia, considerados separadamente o en su conjunto, y por consiguiente fuera y más allá del dominio

---

[2] Ver L'Homme et son devenir selon le Vêdânta, cap. XXIII.
[3] Ver *Le Symbolisme de la Croix*, cap. XXVI a XXVIII.

especial del número e incluso de la cantidad bajo todos sus modos. En efecto, la cantidad, y con mayor razón el número que no es más que uno de sus modos, a saber, la cantidad discontinua, es solo una de las condiciones determinantes de algunos estados, entre los cuales está el nuestro; por consiguiente, no podría ser transportada a otros estados, y todavía menos aplicada al conjunto de los estados, que escapa evidentemente a una tal determinación. Por eso es por lo que, cuando hablamos a este respecto de una multitud indefinida, siempre debemos tener cuidado de observar que la indefinidad de que se trata rebasa todo número, y también todo aquello a lo que la cantidad es más o menos directamente aplicable, como la indefinidad espacial o temporal, que no dependen igualmente más que de las condiciones propias a nuestro mundo[4].

Se impone todavía otra observación, sobre el empleo que hacemos de la palabra "ser", que, en todo rigor, ya no puede aplicarse en su sentido propio cuando se trata de algunos estados de no manifestación de los que tendremos que hablar, y que están más allá del grado del Ser puro. No obstante, en razón de la constitución misma del lenguaje humano, y a falta de otro término más adecuado, estamos obligados a conservar

---

[4] Ver Le Symbolisme de la Croix, cap. XV.

este mismo término en parecido caso, pero no atribuyéndole entonces más que un valor puramente analógico y simbólico, sin lo cual nos sería completamente imposible hablar de una manera cualquiera de aquello de lo que se trata; y éste es un ejemplo muy claro de esas insuficiencias de expresión a las cuales hacíamos alusión hace un momento. Es así como podremos, como ya lo hemos hecho en otras partes, continuar hablando del ser total como estando al mismo tiempo manifestado en algunos de sus estados y no manifestados en otros, sin que, eso implique en modo alguno que, para estos últimos, debamos detenernos en la consideración de lo que corresponde al grado que es propiamente el del Ser[5].

A propósito de esto recordaremos que el hecho de detenerse en el Ser y de no considerar nada más allá, como si el Ser fuera en cierto modo el Principio supremo, el más universal de todos, es uno de los rasgos característicos de algunas concepciones occidentales de la antigüedad de la Edad Media, que, aunque contenían incontestablemente una parte de metafísica que no se encuentra ya en las concepciones modernas, permanecen enormemente incompletas bajo este aspecto, y también por el hecho de que se presentan como teorías establecidas para sí mismas, y no

---

[5] Ver Le Symbolisme de la Croix, cap. I.

en vistas de una realización efectiva correspondiente. Esto no quiere decir, ciertamente, que no haya habido entonces otra cosa en occidente; en eso, hablamos solo de lo que se conoce generalmente, y de lo que algunos, haciendo loables esfuerzos para reaccionar contra la negación moderna, tienen tendencia a exagerar el valor y el alcance, puesto que no se dan cuenta de que en eso no se trata todavía sino de puntos de vista finalmente bastante exteriores, y de que, en las civilizaciones donde, como en el caso de aquí, se ha establecido una suerte de ruptura entre dos órdenes de enseñanza que se superponen sin oponerse jamás, el "exoterismo" hace llamada al "esoterismo" como su complemento necesario. Cuando este "esoterismo" es desconocido, la civilización, que ya no está vinculada directamente a los principios superiores por ningún lazo efectivo, no tarda en perder todo carácter tradicional, ya que los elementos de este orden que subsisten todavía en ella son comparables a un cuerpo que el espíritu hubiera abandonado, y, por consiguiente, impotentes en adelante para constituir algo más que una suerte de formalismo vacío; es eso, muy exactamente, lo que ha ocurrido en el mundo moderno[6].

---

[6] Ver Orient et Occident y La Crise du Monde moderne.

Una vez dadas estas pocas explicaciones, pensamos poder entrar en nuestro tema mismo sin detenernos más en preliminares de los cuales todas las consideraciones que ya hemos expuesto en otras partes nos permiten dispensarnos en gran parte. En efecto, no nos es posible volver indefinidamente sobre lo que ya se ha dicho en nuestras precedentes obras, lo que no sería más que tiempo perdido; y, si de hecho algunas repeticiones son inevitables, debemos esforzarnos en reducirlas a lo que es estrictamente indispensable para la comprehensión de lo que nos proponemos exponer al presente, sin perjuicio de remitir al lector, cada vez que haya necesidad de ello, a tal o cual parte de nuestros otros trabajos, donde podrá encontrar indicaciones complementarias o desarrollos más amplios sobre las cuestiones que seamos llevados a considerar de nuevo. Lo que constituye la dificultad principal de la exposición, es que todas estas cuestiones están ligadas en efecto más o menos estrechamente las unas a las otras, y que importa mostrar este lazo tan frecuentemente como sea posible, aunque, por otra parte, no importa menos evitar toda apariencia de "sistematización", es decir, de limitación incompatible con la naturaleza misma de la doctrina metafísica, que debe abrir por el contrario, a quien es capaz de comprenderla y de "asentirla", posibilidades de concepción no solo indefinidas, sino, podemos decirlo sin ningún abuso de lenguaje, realmente infinitas como la Verdad total misma.

Capítulo I

El Infinito y la Posibilidad

Para comprender bien la doctrina de la multiplicidad de los estados del ser, antes de toda otra consideración, es necesario remontar hasta la noción más primordial de todas, la del Infinito metafísico, considerado en sus relaciones con la Posibilidad universal. Según la significación etimológica del término que le designa, el Infinito es lo que no tiene límites; y, para guardar a este término su sentido propio, es menester reservar rigurosamente su empleo para la designación de lo que no tiene absolutamente ningún límite, con la exclusión de todo lo que está sustraído sólo a algunas limitaciones particulares, aunque permanece sometido a otras en virtud de su naturaleza misma, a la cual estas últimas son esencialmente inherentes, como lo son, desde el punto de vista lógico, que no hace en suma más que traducir a su manera el punto de vista que se puede llamar "ontológico", los elementos que intervienen en la definición misma de aquello de lo que se trate. Este último caso es concretamente, como ya hemos tenido la ocasión de indicarlo en diversas ocasiones, el del número, del espacio, y del tiempo, incluso en las concepciones más generales y más extensas que sea posible formarse de ellos, y que rebasan con mucho las nociones que se tienen ordinariamente a su respecto[7]; en realidad, todo eso no puede ser nunca más que del dominio de lo indefinido. Es a este indefinido al que algunos, cuando es de orden cuantitativo como en los ejemplos que acabamos de recordar, dan abusivamente el nombre de "infinito matemático", como si la agregación de un epíteto o de una calificación determinante a la palabra "infinito" no implicara ya por sí misma una contradicción pura y simple[8]. De hecho, este

---

[7] Es menester tener buen cuidado de observar que decimos "generales" y no "universales", ya que aquí no se trata más que de las condiciones especiales de algunos estados de existencia, y nada más; eso solo debe bastar para hacer comprender que no podría ser cuestión de infinitud en parecido caso, puesto que estas condiciones son evidentemente limitadas como los estados mismos a los cuales se aplican y que concurren a definir.

[8] Si a veces nos ha ocurrido decir "Infinito metafísico", precisamente para marcar de una manera más explícita que no se trata en modo alguno del pretendido "infinito matemático" o de otras "contrahechuras del Infinito", si es permisible hablar así, una tal expresión no cae en modo alguno bajo la objeción que formulamos aquí, porque el orden metafísico es realmente ilimitado, de suerte que no hay ahí ninguna determinación, mientras que quien dice "matemático" restringe por eso mismo la concepción a un dominio especial y limitado, a saber, el de la cantidad.

indefinido, que procede de lo finito del cual no es más que una extensión o un desarrollo, y, por consiguiente, siendo reductible a lo finito, no tiene ninguna medida común con el verdadero Infinito, como tampoco la individualidad, humana u otra, incluso con la integralidad de los prolongamientos indefinidos de los cuales es susceptible, podría tener ninguna medida común con el ser total[9]. Esta formación de lo indefinido a partir de lo finito, de la cual se tiene un ejemplo muy claro en la producción de la serie de los números, no es posible en efecto sino a condición de que lo finito contenga ya en potencia a este indefinido, y, aunque sus límites fueran retraídos hasta que los perdiéramos de vista en cierto modo, es decir, hasta que escapen a nuestros medios de medida ordinarios, por eso no son suprimidos en modo alguno; es bien evidente, en razón de la naturaleza misma de la relación causal, que lo "más" no puede salir de lo "menos", ni el Infinito de lo finito.

La cosa no puede ser de otro modo cuando se trata, como en el caso que consideramos, de algunos órdenes de posibilidades particulares, que son manifiestamente limitadas por la coexistencia de otros órdenes de posibilidades, y, por consiguiente, en virtud de su naturaleza propia, que hace que

---

[9] Ver *Le Symbolisme de la Croix*, cap. XXVI y XXX.

sean tales posibilidades determinadas, y no todas las posibilidades sin ninguna restricción. Si ello no fuera así, esta coexistencia de una indefinidad de otras posibilidades, que no están comprendidas en esas, y de las cuales cada una es por otra parte parecidamente susceptible de un desarrollo indefinido, sería una imposibilidad, es decir, una absurdidad en el sentido lógico de esta palabra[10]. Lo Infinito, al contrario, para ser verdaderamente tal, no puede admitir ninguna restricción, lo que supone que es absolutamente incondicionado e indeterminado, ya que toda determinación, cualquiera que sea, es forzosamente una limitación, por eso mismo de que deja algo fuera de ella, a saber, todas las demás determinaciones igualmente posibles. Por otra parte, la limitación presenta el carácter de una verdadera negación: poner un límite, es negar, para lo que está encerrado dentro de él, todo lo que este límite excluye; por consiguiente, la negación de un límite es propiamente la negación de una negación, es decir, lógica e incluso matemáticamente, una afirmación, de tal suerte que la negación de todo límite equivale en realidad a la afirmación total y absoluta. Lo que no tiene límites, es aquello de lo cual no se puede negar nada,

---

[10] Lo absurdo, en el sentido lógico y matemático, es lo que implica contradicción; se confunde a veces con lo imposible, ya que es la ausencia de contradicción interna la que, tanto lógica como ontológicamente, define la posibilidad.

y, por consiguiente, aquello que contiene todo, aquello fuera de lo cual no hay nada; y esta idea del Infinito, que es así la más afirmativa de todas, puesto que comprende o envuelve todas las afirmaciones particulares, cualesquiera que puedan ser, no se expresa por un término de forma negativa sino en razón misma de su indeterminación absoluta. En el lenguaje, en efecto, toda afirmación directa es forzosamente una afirmación particular y determinada, la afirmación de algo, mientras que la afirmación total y absoluta no es ninguna afirmación particular con la exclusión de las demás, puesto que las implica a todas igualmente; y es fácil entender desde ahora la relación estrechísima que esto presenta con la Posibilidad universal, que comprende de la misma manera todas las posibilidades particulares[11].

La idea del Infinito, tal como acabamos de precisarla aquí[12], desde el punto de vista puramente metafísico, no es en modo alguno discutible ni contestable, ya que no puede

---

[11] Sobre el empleo de los términos de forma negativa, pero cuya significación real es esencialmente afirmativa, ver *Introduction générale à l'étude des doctrines hindoues*, 2ª parte, VIII, y *L'Homme et son devenir, selon le Vêdânta*, cap. XV.

[12] No decimos definirla, ya que sería evidentemente contradictorio pretender dar una definición del Infinito; y hemos mostrado en otra parte que el punto de vista metafísico mismo, en razón de su carácter universal e ilimitado, tampoco es susceptible de ser definido (*Introduction générale à l'étude des doctrines hindoues*, 2ª parte, cap. V).

encerrar en sí ninguna contradicción, por eso mismo de que no hay en ella nada de negativo; ella es además necesaria, en el sentido lógico de este término[13], ya que es la negación la que sería contradictoria[14]. En efecto, si se considera el "Todo", en el sentido universal absoluto, es evidente que no puede ser limitado de ninguna manera, ya que no podría serlo más que por algo que fuera exterior, y, si hubiera algo que fuera exterior a él, ya no sería el "Todo". Importa destacar, por lo demás, que el "Todo", en este sentido, no debe ser asimilado en modo alguno a un todo particular y determinado, es decir, a un conjunto compuesto de partes que estarían con él en una relación definida; hablando propiamente, el "Todo" es "sin partes", puesto que, estas partes, debiendo ser necesariamente

---

[13] Es menester distinguir esta necesidad lógica, que es la imposibilidad de que una cosa no sea lo que es o que sea otra cosa diferente de lo que es, y eso independientemente de toda condición particular, es decir, de la necesidad dicha "física", o necesidad de hecho, que es simplemente la imposibilidad para las cosas o los seres de no conformarse a las leyes del mundo al que pertenecen, y que, por consiguiente, está subordinada a las condiciones por las cuales ese mundo está definido y no vale más que en el interior de ese dominio especial.

[14] Algunos filósofos, que han argumentado muy justamente contra el pretendido "infinito matemático", y que han mostrado todas las contradicciones que implica esta idea (contradicciones que desaparecen por lo demás desde que uno se da cuenta de que no se trata más que de lo indefinido), creen haber probado por eso mismo, y al mismo tiempo, la imposibilidad del Infinito metafísico; todo lo que prueban en realidad, con esta confusión, es que ignoran completamente aquello de lo que se trata en este último caso.

relativas y finitas, no podrían tener con él ninguna medida común, ni, por consiguiente, ninguna relación, lo que equivale a decir que ellas no existen para él[15]; y esto basta para mostrar que no se debe buscar formarse de él ninguna concepción particular[16].

Lo que acabamos de decir del Todo universal, en su indeterminación más absoluta, se aplica también a él cuando se considera desde el punto de vista de la Posibilidad; y, a decir verdad, en eso no hay ninguna determinación, o al menos es el mínimo de determinación que se requiere para

---

[15] En otros términos, lo finito, incluso si es susceptible de una extensión indefinida, es siempre rigurosamente nulo con respecto al Infinito; por consecuencia, ninguna cosa o ningún ser puede ser considerado como una "parte del Infinito", lo que es una de las concepciones erróneas pertenecientes en propiedad al "panteísmo", ya que el empleo mismo de la palabra "parte" supone la existencia de una relación definida con el "todo".

[16] Lo que es menester evitar sobre todo, es concebir el Todo universal a la manera de una suma aritmética, obtenida por la adición de sus partes tomadas una a una y sucesivamente. Por lo demás, incluso cuando se trata de un todo particular, hay que distinguir dos casos: un todo verdadero es lógicamente anterior a sus partes y es independiente de ellas; un todo concebido como lógicamente posterior a sus partes, de las cuales no es más que la suma, no constituye en realidad más que lo que los filósofos escolásticos llamaban un *ens rationis*, cuya existencia, en tanto que "todo", está subordinada a la condición de ser efectivamente pensado como tal; el primero tiene en sí mismo un principio de unidad real, superior a la multiplicidad de sus partes, mientras que el segundo no tiene otra unidad que la que nosotros le atribuimos por el pensamiento.

hacérnosle actualmente concebible, y sobre todo expresable en algún grado. Como hemos tenido la ocasión de indicarlo en otra parte[17], una limitación de la Posibilidad total es, en el sentido propio de la palabra, una imposibilidad, puesto que, debiendo comprender la Posibilidad para limitarla, no podría estar comprendida en ella, y lo que está fuera de lo posible no podría ser nada más que imposible; pero una imposibilidad, no siendo nada más que una negación pura y simple, una verdadera nada, no puede limitar evidentemente a ninguna otra cosa, de donde resulta inmediatamente que la Posibilidad universal es necesariamente ilimitada. Es menester entender bien, por lo demás, que esto no es naturalmente aplicable más que a la Posibilidad universal y total, que no es así más que lo que podemos llamar un aspecto del Infinito, del cual no es distinta de ninguna manera ni en medida alguna; no puede haber nada que esté fuera del Infinito, puesto que eso sería una limitación, y puesto que entonces ya no sería el Infinito. La concepción de una "pluralidad de infinitos" es una absurdidad, puesto que se limitarían recíprocamente, de suerte que, en realidad, ninguno de ellos sería infinito[18]; por consiguiente, cuando decimos que la Posibilidad universal es infinita o ilimitada, es menester entender que ella no es otra

---

[17] Ver Le Symbolisme de la Croix, cap. XIV.
[18] Ver Le Symbolisme de la Croix, cap. XXIV.

cosa que el Infinito mismo, considerado bajo un cierto aspecto, en la medida en la que es permisible decir que hay aspectos del Infinito. Puesto que el Infinito es verdaderamente "sin partes", en todo rigor, no podría ser cuestión tampoco de una multiplicidad de aspectos existentes real y "distintamente" en él; a decir verdad, somos nosotros quienes concebimos el Infinito bajo tal o cual aspecto, porque no nos es posible hacerlo de otro modo, e, incluso si nuestra concepción no fuera esencialmente limitada, como lo es mientras estamos en un estado individual, debería limitarse forzosamente para devenir expresable, puesto que para eso le es menester revestirse de una forma determinada. Solamente, lo que importa, es que comprendamos bien de dónde viene la limitación y dónde se encuentra, a fin de no atribuirla más que a nuestra propia imperfección, o más bien a la de los instrumentos interiores y exteriores de que disponemos actualmente en tanto que seres individuales, que no poseen efectivamente como tales más que una existencia definida y condicionada, y a fin de no transportar esta imperfección, puramente contingente y transitoria como las condiciones a las cuales se refiere y de las cuales resulta, al dominio ilimitado de la Posibilidad universal misma.

Agregaremos todavía una última precisión: si se habla correlativamente del Infinito y de la Posibilidad, no es para establecer entre estos dos términos una distinción que no podría existir realmente; es porque el Infinito se considera entonces más especialmente bajo su aspecto activo, mientras que la Posibilidad es su aspecto pasivo[19]; pero, ya sea considerado por nosotros como activo o como pasivo, es siempre el Infinito, que no podría ser afectado por estos puntos de vista contingentes, y las determinaciones, cualquiera que sea el principio por el cual se efectúen, no existen aquí sino en relación a nuestra concepción. Así pues, en suma, es la misma cosa que lo que hemos llamado en otra parte, según la terminología de la doctrina extremo-oriental, la "perfección activa" (*Khien*), y la "perfección pasiva" (*Khouen*), siendo la Perfección, en el sentido absoluto, idéntica al Infinito entendido en toda su indeterminación; y, como lo hemos dicho entonces, también es el análogo, pero a un grado diferente y bajo un punto de vista mucho más universal, de lo que son, en el Ser, la "esencia" y la "substancia"[20]. Debe comprenderse bien, desde ahora, que el Ser no encierra toda la Posibilidad, y que, por consiguiente,

---

[19] Es *Brahma* y su *Shakti* en la doctrina hindú (ver *L'Homme et son devenir selon le Vêdânta*, cap. V y X).

[20] Ver *Le Symbolisme de la Croix*, cap. XXIV.

no puede ser idéntico al Infinito en modo alguno; es por lo que decimos que el punto de vista en el que nos colocamos aquí es mucho más universal que aquel donde no tenemos que considerar más que al Ser; esto se indica solamente para evitar toda confusión, ya que, en lo que sigue, tendremos la ocasión de explicarnos más ampliamente sobre ello.

Capítulo II

POSIBLES Y COMPOSIBLES

La Posibilidad universal, hemos dicho, es ilimitada, y no puede ser otra que ilimitada; por consiguiente, querer concebirla de otro modo, es, en realidad, condenarse a no concebirla en absoluto. Esto es lo que hace que todos los sistemas filosóficos del occidente moderno sean igualmente impotentes desde el punto de vista metafísico, es decir, universal, y eso precisamente en tanto que sistemas, así como ya lo hemos hecho observar en diversas ocasiones; en efecto, como tales, estos sistemas no son más que concepciones restringidas y cerradas, que, por algunos de sus elementos, pueden tener un cierto valor en un dominio relativo, pero que devienen peligrosos y falsos desde que, tomados en su conjunto, pretenden a algo más y quieren hacerse pasar por una expresión de la realidad total. Sin duda, es siempre legítimo considerar especialmente, si se juzga a propósito, algunos órdenes de posibilidades con la exclusión de los demás, y es eso, en suma, lo que constituye necesariamente una ciencia cualquiera; pero lo que no lo es, es afirmar que eso sea toda la Posibilidad y negar todo lo que rebasa la medida de su propia comprehensión individual, más o menos estrechamente limitada[21]. Sin embargo, a un grado o a otro, ese es el carácter esencial de esta forma sistemática que parece inherente a toda la filosofía occidental moderna; y esa es también una de las razones por las cuales el pensamiento filosófico, en el sentido ordinario de la palabra, no tiene y no puede tener nada en común con las doctrinas de orden puramente metafísico[22].

Entre los filósofos que, en razón de esta tendencia sistemática y verdaderamente "antimetafísica", se han esforzado en limitar de una manera o de otra la Posibilidad universal, algunos, como Leibnitz (que, sin embargo, es uno de aquellos cuyos puntos de vista son menos estrechos bajo muchos aspectos), han querido hacer uso a este respecto de la distinción de los "posibles" y de los "composibles"; pero es

---

[21] Hay que destacar en efecto que todo sistema filosófico se presenta como siendo esencialmente la obra de un individuo, contrariamente a lo que tiene lugar para las doctrinas Tradicionales, al respecto de las cuales las individualidades no cuentan para nada.

[22] Ver Introduction générale à l'étude des doctrines hindoues, 2ª parte, cap. VIII; L'Homme et son devenir selon le Vêdânta, cap. I; Le Symbolisme de la Croix, cap. I y XV.

muy evidente que esta distinción, en la medida en que es válidamente aplicable, no puede servir en modo alguno a este fin ilusorio. En efecto, los composibles no son otra cosa que posibles compatibles entre ellos, es decir, cuya reunión en un mismo conjunto complejo no introduce en el interior de éste ninguna contradicción; por consiguiente, la "composibilidad" es siempre esencialmente relativa al conjunto del que se trate. Por lo demás, entiéndase bien que este conjunto puede ser, ya sea el de los caracteres que constituyen todas las atribuciones de un objeto particular, o de un ser individual, ya sea algo mucho más general y mucho más extenso, el conjunto de todas las posibilidades sometidas a algunas condiciones comunes y que forman por eso mismo un cierto orden definido, uno de los dominios comprendidos en la Existencia universal, pero en todos los casos, es menester que se trate de un conjunto que esté siempre determinado, sin lo cual la distinción ya no se aplicaría. Así, para tomar primero un ejemplo de orden particular y extremadamente simple, un "cuadrado redondo" es una imposibilidad, porque la reunión de los dos posibles "cuadrado" y "redondo" en una misma figura implica contradicción; pero estos dos posibles no son por eso menos igualmente realizables, y al mismo título, ya que la existencia de una figura cuadrada no impide evidentemente la existencia simultánea, junto a ella y en el mismo espacio, de una figura redonda, como tampoco la de toda figura geométricamente concebible[23]. Eso parece muy evidente como para que sea útil insistir más en ello; pero un tal ejemplo, en razón de su simplicidad misma, tiene la ventaja de ayudar a comprender, por analogía, aquello que se refiere a casos aparentemente más complejos, como el caso del cual vamos a hablar ahora.

Si, en lugar de un objeto o de un ser particular, se considera lo que podemos llamar un mundo, según el sentido que ya hemos dado a esta palabra, es decir, todo el dominio formado por un cierto conjunto de composibles que se realizan en la manifestación, estos composibles deberán ser todos los posibles que satisfacen ciertas condiciones, las cuales caracterizarán y definirán precisamente el mundo de que se trate, constituyendo uno de los grados de la Existencia universal. Los demás posibles, que no están determinados por las mismas condiciones, y que, por consiguiente, no pueden formar parte del mismo mundo, por eso no son menos

---

[23] De la misma manera, para tomar un ejemplo de un orden más extenso, las diversas geometrías euclidianas y no euclidianas no pueden aplicarse evidentemente a un mismo espacio; pero eso no podría impedir, a las diferentes modalidades de espacio a las que se corresponden, coexistir en la integralidad de la posibilidad espacial, donde cada una de ellas debe realizarse a su manera, según lo que vamos a explicar sobre la identidad efectiva de lo posible y de lo real.

evidentemente realizables, pero, bien entendido, cada uno según el modo que conviene a su naturaleza. En otros términos, todo posible tiene su existencia propia como tal[24], y los posibles cuya naturaleza implica una realización, en el sentido en que se entiende ordinariamente, es decir, una existencia en un modo cualquiera de manifestación[25], no pueden perder este carácter que les es esencialmente inherente y devenir irrealizables por el hecho de que otros posibles están actualmente realizados. Se puede decir también que toda posibilidad que es una posibilidad de manifestación debe manifestarse necesariamente por eso mismo, y que, inversamente, toda posibilidad que no debe manifestarse es una posibilidad de no manifestación; bajo esta forma, bien parece que no haya en eso más que un asunto de simple definición, y sin embargo la afirmación precedente no implicaba nada más que esta verdad (axiomática), que no es

---

[24] Debe entenderse bien que aquí no tomamos la palabra "existencia" en su sentido riguroso y conforme a su derivación etimológica, sentido que no se aplica estrictamente más que al ser condicionado y contingente, es decir, en suma a la manifestación; no empleamos esta palabra, como lo hemos hecho también a veces con la palabra "ser" misma, así como lo hemos dicho desde el comienzo, más que de una manera puramente analógica y simbólica, porque nos ayuda en una cierta medida a hacer comprender lo que se trata, aunque, en realidad, le sea extremadamente inadecuado (ver *Le Symbolisme de la Croix*, cap. I y II).

[25] Es entonces la "existencia" en el sentido propio y riguroso de la palabra.

discutible en modo alguno. No obstante, si se preguntara por qué toda posibilidad no debe manifestarse, es decir, por qué hay a la vez posibilidades de manifestación y posibilidades de no manifestación, bastaría responder que, puesto que el dominio de la manifestación es limitado, por eso mismo de que es un conjunto de mundos o de estados condicionados (por lo demás en multitud indefinida), no podría agotar la Posibilidad universal en su totalidad; el dominio de la manifestación deja fuera de él todo lo incondicionado, es decir, precisamente aquello que, metafísicamente, importa más. En cuanto a preguntarse por qué tal posibilidad no debe manifestarse de igual manera que tal otra, eso equivaldría simplemente a preguntarse por qué ella es lo que es y no lo que es alguna otra; por consiguiente, es exactamente como si uno se preguntara por qué tal ser es él mismo y no algún otro, lo que, ciertamente, sería una pregunta desprovista de sentido. A este respecto, lo que es menester comprender bien es que una posibilidad de manifestación no tiene, como tal, ninguna superioridad sobre una posibilidad de no manifestación; ella no es el objeto de una suerte de "elección" o de "preferencia"[26], es solo de otra naturaleza.

---

[26] Una tal idea es metafísicamente injustificable, y no puede provenir más que de una intrusión del punto de vista "moral" en un dominio donde no tiene nada que hacer; también el "principio de lo mejor", al cual hace llamada Leibnitz en esta

Sí se quiere objetar ahora, sobre este punto de los composibles, que, según la expresión de Leibnitz, "no hay más que un mundo", ocurre una de estas dos cosas: o esta afirmación es una pura tautología, o no tiene ningún sentido. En efecto, si por "mundo" se entiende aquí el Universo total, o incluso, limitándose a las posibilidades de manifestación, el dominio entero de todas estas posibilidades, es decir, la Existencia universal, la cosa que se enuncia es muy evidente, aunque la manera en que se expresa sea quizás impropia; pero, si por esta palabra no se entiende más que un cierto conjunto de composibles, como se hace de ordinario, y como acabamos de hacerlo nos mismo, es tan absurdo decir que su existencia impide la coexistencia de otros mundos como lo sería, para retomar nuestro precedente ejemplo, decir que la existencia de una figura redonda impide la coexistencia de una figura cuadrada, o triangular, o de todo otro tipo. Todo lo que se puede decir, es que, como los caracteres de un objeto determinado excluyen de ese objeto la presencia de otros caracteres con los cuales estarían en contradicción, las condiciones por las que se define un mundo determinado excluyen de ese mundo los posibles cuya naturaleza no implica una realización sometida a esas mismas condiciones;

---

ocasión, es propiamente antimetafísico, así como lo hemos hecho observar incidentemente en otra parte (*Le Symbolisme de la Croix*, cap. II).

estos posibles quedan así fuera de los límites del mundo considerado, pero por eso no están excluidos de la Posibilidad, puesto que se trata de posibles por hipótesis, y ni siquiera, en los casos más restringidos, de la Existencia en el sentido propio del término, es decir, entendida como comprendiendo todo el dominio de la manifestación universal. Hay en el Universo modos de existencia múltiples, y cada posible tiene el que le conviene según su propia naturaleza; en cuanto a hablar, como se hace a veces, y refiriéndose precisamente a la concepción de Leibnitz (aunque apartándose sin duda de su pensamiento en una medida bastante amplia), de una suerte de "lucha por la existencia" entre los posibles, esa es una concepción que ciertamente no tiene nada de metafísica, y este intento de transposición de lo que no es más que una simple hipótesis biológica (en conexión con las teorías "evolucionistas" modernas) es incluso completamente ininteligible.

La distinción de lo posible y de lo real, sobre la cual han insistido multitud de filósofos, no tiene por consiguiente ningún valor metafísico: todo posible es real a su manera, y según el modo que implica su naturaleza[27]; de otro modo,

---

[27] Lo que queremos decir con esto, es que no hay lugar, metafísicamente, a considerar lo real como constituyendo un orden diferente de lo posible; pero es

habría posibles que no serían nada, y decir que un posible no es nada es una contradicción pura y simple; es lo imposible, y solo lo imposible, lo que, como ya lo hemos dicho, es una pura nada. Negar que haya posibilidades de no manifestación, es querer limitar la posibilidad universal; por otra parte, negar que, entre las posibilidades de manifestación, las hay de diferentes órdenes, es querer limitarla más estrechamente todavía.

Antes de ir más lejos, haremos observar que, en lugar de considerar el conjunto de las condiciones que determinan un mundo, como lo hemos hecho en lo que precede, también se podría, desde el mismo punto de vista, considerar aisladamente una de estas condiciones: por ejemplo, entre las condiciones del mundo corporal, el espacio, considerado como el continente de las posibilidades espaciales[28]. Es bien

---

menester darse cuenta bien, de que esta palabra "real" es por sí mismo bastante vaga, si no equívoca, al menos en el uso que se hace de ella en el lenguaje ordinario e incluso por la mayoría de los filósofos; hemos sido llevado a emplearla aquí porque era necesario descartar la distinción vulgar de lo posible y de lo real; sin embargo, a continuación, llegaremos a darle una significación mucho más precisa.

[28] Es importante notar que la condición espacial no basta, por sí sola, para definir un cuerpo como tal; todo cuerpo es necesariamente extenso, es decir, está sometido al espacio (de donde resulta concretamente su divisibilidad indefinida, que lleva a la absurdidad la concepción atomista), pero, contrariamente a lo que han pretendido Descartes y otros partidarios de una física "mecanicista", la

evidente que, por definición misma, solo hay las posibilidades espaciales que puedan realizarse en el espacio, pero no es menos evidente que eso no impide a las posibilidades no espaciales realizarse igualmente (y aquí, limitándonos a la consideración de las posibilidades de manifestación, "realizarse" debe ser tomado como sinónimo de "manifestarse"), fuera de esta condición particular de existencia que es el espacio. Sin embargo, si el espacio fuera infinito como algunos lo pretenden, no habría lugar en el Universo para ninguna posibilidad no espacial, y, lógicamente, el pensamiento mismo, para tomar el ejemplo más ordinario y más conocido de todos, no podría entonces ser admitido a la existencia sino a condición de ser concebido como extenso, concepción cuya falsedad la reconoce la psicología "profana" misma sin ninguna vacilación; pero, bien lejos de ser infinito, el espacio no es más que uno de los modos posibles de la manifestación, que ella misma no es infinita en modo alguno, incluso en la integralidad de su extensión, con la indefinidad de los modos que implica, cada uno de los cuales es él mismo indefinido[29]. Observaciones similares se aplicarían igualmente a no importa cuál otra

---

extensión no constituye en modo alguno toda la naturaleza o la esencia de los cuerpos.

[29] Ver Le Symbolisme de la Croix, cap. XXX.

condición especial de existencia; y lo que es verdadero para cada una de estas condiciones tomada aparte lo es también para el conjunto de varias de entre ellas, cuya reunión o cuya combinación determina un mundo. Por lo demás, no hay que decir que es menester que las diferentes condiciones así reunidas sean compatibles entre ellas, y su compatibilidad entraña evidentemente la de los posibles que comprenden respectivamente, con la restricción de que los posibles que están sometidos al conjunto de las condiciones consideradas pueden no constituir más que una parte de aquellos que están comprendidos en cada una de las mismas condiciones consideradas aisladamente de las otras, de donde resulta que estas condiciones, en su integralidad, implicarán, además de su parte común, prolongamientos en diversos sentidos, pertenecientes también al mismo grado de la Existencia universal. Estos prolongamientos, de extensión indefinida, corresponden, en el orden general y cósmico, a lo que son, para un ser particular, los de uno de sus estados, por ejemplo de un estado individual considerado integralmente, más allá de una cierta modalidad definida de este mismo estado, tal como la modalidad corporal en nuestra individualidad humana[30].

---

[30] Ver Le Symbolisme de la Croix, cap. XI; cf. L'Homme et son devenir selon le Vêdânta, cap. II, y también cap. XII y XIII.

Capítulo III

EL SER Y EL NO SER

En lo que precede, hemos indicado la distinción de las posibilidades de manifestación y de las posibilidades de no manifestación, posibilidades que están unas y otras igualmente comprendidas, y al mismo título, en la Posibilidad total. Esta distinción se impone a nosotros antes de toda otra distinción más particular, como la de los diferentes modos de la manifestación universal, es decir, de los diferentes órdenes de posibilidades que implica, repartidas según las condiciones especiales a las cuales están respectivamente sometidas, y que constituyen la multitud indefinida de los mundos o de los grados de la Existencia.

Dicho esto, si se define el Ser, en el sentido universal, como el principio de la manifestación, y al mismo tiempo como comprendiendo, por sí mismo, el conjunto de todas las posibilidades de manifestación, debemos decir que el Ser no es infinito, puesto que no coincide con la Posibilidad total; y eso tanto más cuanto que el Ser, en tanto que principio de la manifestación, comprende en efecto todas las posibilidades de manifestación, pero solo en tanto que ellas se manifiestan. Fuera del Ser, hay por consiguiente todo el resto, es decir, todas las posibilidades de no manifestación, con las posibilidades de manifestación mismas en tanto que están en el estado no manifestado; y el Ser mismo se encuentra incluido en ellas, ya que, no pudiendo pertenecer a la manifestación, puesto que es su principio, él mismo es no manifestado. Para designar lo que está así fuera y más allá del Ser, estamos obligados, a falta de otro término, a llamarlo No Ser; y esta expresión negativa, que, para nosotros, no es a ningún grado sinónimo de "nada" como parece serlo en el lenguaje de algunos filósofos, además de que está directamente inspirada de la terminología de la doctrina metafísica extremo-oriental, está suficientemente justificada por la necesidad de emplear una denominación cualquiera para poder hablar de ello, junto a la precisión, hecha ya más atrás, de que las ideas más universales, siendo las más indeterminadas, no pueden expresarse, en la medida en que son expresables, sino por términos que son en efecto de forma negativa, así como lo hemos visto en lo que concierne al Infinito. Se puede decir también que el No Ser, en el sentido que acabamos de indicar, es más que el Ser, o, si se quiere, que es superior al Ser, si por ello se entiende que lo que comprende está más allá de la extensión del Ser, y que contiene en principio al Ser mismo. Pero desde que se opone el No Ser al Ser, o incluso desde que se los distingue simplemente, ello se debe a que ni el uno ni el otro son infinitos, puesto que, desde este punto de vista, se limitan el uno al otro en cierto modo; la infinitud no pertenece más que al conjunto del Ser y del No Ser, puesto que este conjunto es idéntico a la Posibilidad universal.

También podemos expresar las cosas de esta manera: la Posibilidad universal contiene necesariamente la totalidad de las posibilidades, y se puede decir que el Ser y el No Ser son sus dos aspectos: el Ser, en tanto que manifiesta las posibilidades (o más exactamente algunas de entre ellas); el No Ser, en tanto que no las manifiesta. Por consiguiente, el Ser contiene todo lo manifestado; y el No Ser contiene todo lo no manifestado, comprendido ahí el Ser mismo; pero la Posibilidad universal comprende a la vez el Ser y el No Ser. Agregaremos que lo no manifestado comprende lo que podemos llamar lo no manifestable, es decir, las posibilidades de no manifestación, y lo manifestable, es decir, las posibilidades de manifestación en tanto que no se manifiestan, puesto que la manifestación no comprende evidentemente más que el conjunto de estas mismas posibilidades en tanto que se manifiestan[31].

En lo que concierne a las relaciones del Ser y el No Ser, es esencial destacar que el estado de manifestación es siempre transitorio y condicionado, y que, incluso para las posibilidades que implican la manifestación, el estado de no manifestación es el único absolutamente permanente e incondicionado[32]. Agregamos a este propósito que nada de lo que es manifestado puede "perderse", según una expresión que se emplea bastante frecuentemente, de otra manera que por el paso a lo no manifestado; y, bien entendido, este paso mismo (que, cuando se trata de la manifestación individual, es propiamente la "transformación" en el sentido etimológico de esta palabra, es decir, el paso más allá de la forma) no constituye una "pérdida" más que desde el punto de vista especial de la manifestación, puesto que, en el estado de no manifestación, todas las cosas, al contrario, subsisten eternamente en principio, independientemente de todas las condiciones particulares y limitativas que caracterizan a tal o a cual modo de la existencia manifestada. Pero para poder

---

[31] Ver L'Homme et son devenir selon le Vêdânta, cap. XV.
[32] Debe entenderse bien, que, cuando decimos "transitorio", no tenemos en vista exclusivamente, y ni siquiera principalmente, la sucesión temporal, ya que ésta no se aplica más que a un modo especial de la manifestación.

decir justamente que "nada se pierde", incluso con la restricción concerniente a lo no manifestado, es menester considerar todo el conjunto de la manifestación universal, y no simplemente tal o cual de sus estados con la exclusión de los demás, ya que, en razón de la continuidad de todos estos estados entre ellos, siempre puede haber un paso del uno al otro, sin que este paso continuo, que no es más que un cambio de modo (que implica un cambio correspondiente en las condiciones de existencia), nos haga salir en modo alguno del dominio de la manifestación[33].

---

[33] Sobre la continuidad de los estados del ser, ver *Le Symbolisme de la Croix*, cap. XV y XIX.— Lo que acaba de decirse debe mostrar que los pretendidos principios de la "conservación de la materia" y de la "conservación de la energía", cualquiera que sea la forma bajo la cual se los exprese, no son en realidad más que simples leyes físicas completamente relativas y aproximativas y que, en el interior mismo del dominio especial al cual se aplican, no pueden ser verdaderas más que bajo algunas condiciones restrictivas, condiciones que subsistirían también, *mutatis mutandi*, si se quisiera extender tales leyes, transponiendo convenientemente los términos, a todo el dominio de la manifestación. Por lo demás, los físicos están obligados a reconocer que no se trata en cierto modo más que de "casos límite", en el sentido que tales leyes no serían rigurosamente aplicables más que a lo que ellos llaman "sistemas cerrados", es decir, a algo que, de hecho, no existe y no puede existir, ya que es imposible realizar e incluso concebir, en el interior de la manifestación, un conjunto que esté completamente aislado de todo el resto, sin comunicación ni intercambio de ningún tipo con lo que está fuera de él; una tal solución de continuidad sería una verdadera laguna en la manifestación, y este conjunto, en relación al resto, sería como si no existiera.

En cuanto a las posibilidades de no manifestación, pertenecen esencialmente al No Ser, y, por su naturaleza misma, no pueden entrar en el dominio del Ser, contrariamente a lo que tiene lugar para las posibilidades de manifestación; pero, como lo hemos dicho más atrás, eso no implica ninguna superioridad de las unas sobre las otras, puesto que las unas y las otras tienen únicamente modos de realidad diferentes y conformes a sus naturalezas respectivas; y la distinción misma del Ser y del No Ser es, en suma, puramente contingente, puesto que no puede hacerse más que desde el punto de vista de la manifestación, que es él mismo esencialmente contingente. Por lo demás, esto no disminuye en nada la importancia que esta distinción tiene para nosotros, siendo dado que, en nuestro estado actual, no nos es posible colocarnos efectivamente en ningún punto de vista diferente de ese, que es el nuestro en tanto que, como seres contingentes e individuales, nosotros mismos pertenecemos al dominio de la manifestación, y en tanto que no podemos rebasarla más que liberándonos enteramente, por la realización metafísica, de las condiciones limitativas de la existencia individual.

Como ejemplo de una posibilidad de no manifestación, podemos citar el vacío, ya que una tal posibilidad es concebible, al menos negativamente, es decir, por la exclusión de algunas determinaciones: el vacío implica la exclusión, no solo de todo atributo corporal o material, no solo, incluso, de una manera más general, de toda cualidad formal, sino también de todo lo que se refiere a un modo cualquiera de manifestación. Por consiguiente, es un sinsentido pretender que puede haber vacío en lo que comprende la manifestación universal, bajo cualquier estado que sea[34], puesto que el vacío pertenece esencialmente al dominio de la no manifestación; no es posible dar a este término otra acepción inteligible. Sobre este punto debemos limitarnos a esta simple indicación, ya que no podemos tratar aquí la cuestión del vacío con todos los desarrollos que implicaría, y que se alejarían demasiado de nuestro tema; como es sobre todo a propósito del espacio donde esta cuestión conduce a veces a graves confusiones[35], las consideraciones que se refieren a éste encontrarán mejor lugar en el estudio que nos proponemos consagrar especialmente a las condiciones de la existencia corporal[36].

---

[34] Es eso lo que pretenden concretamente los atomistas.

[35] La concepción de un "espacio vacío" es contradictoria, lo que, notémoslo de pasada, constituye una prueba suficiente de la realidad del elemento etéreo (*Akâsha*), contrariamente a la teoría de las diversas escuelas que, en la India y en Grecia, no admitían más que los cuatro elementos corporales.

[36] Sobre el vacío en sus relaciones con la extensión, ver también *Le Symbolisme de la Croix*, cap. IV.

Desde el punto de vista en el que nos colocamos al presente, debemos agregar simplemente que el vacío, cualquiera que sea la manera en que se considere, no es el No Ser, sino solo lo que podemos llamar uno de sus aspectos, es decir, una de las posibilidades que encierra y que son diferentes de las posibilidades comprendidas en el Ser, y que por consiguiente quedan fuera de éste, considerado incluso en su totalidad, lo que muestra bien todavía que el Ser no es infinito. Por lo demás, cuando decimos que una tal posibilidad constituye un aspecto del No Ser, es menester prestar atención a que no puede ser concebida en modo distintivo, ya que este modo se aplica exclusivamente a la manifestación; y esto explica por qué, incluso si podemos concebir efectivamente esta posibilidad que es el vacío, o toda otra del mismo orden, nosotros no podemos dar nunca de ella más que una expresión completamente negativa: esta precisión, enteramente general para todo lo que se refiere al No Ser, justifica así mismo el empleo que hacemos de este término[37].

Consideraciones semejantes podrían aplicarse a toda otra posibilidad de no manifestación; podríamos tomar otro ejemplo, como el silencio, pero la aplicación sería demasiado fácil de hacer como para que sea útil insistir más en ello. Así

---

[37] Ver *Tao-te-King*, cap. XIV.

pues, a este propósito, nos limitaremos con hacer observar esto: como el No Ser, o lo no manifestado, comprende o envuelve al Ser, o al principio de la manifestación, así también el silencio conlleva en sí mismo el principio de la palabra; en otros términos, del mismo modo que la Unidad (el Ser) no es más que el Cero metafísico (el No Ser) afirmado, así también la palabra no es más que el silencio expresado; pero, inversamente, el Cero metafísico, aunque es la Unidad no afirmada, es también algo más (e inclusive infinitamente más), y, del mismo modo, el silencio, que es uno de sus aspectos en el sentido que acabamos de precisar, no es simplemente la palabra no expresada, ya que es menester dejar subsistir en él, además, lo que es inexpresable, es decir, no susceptible de manifestación (pues quien dice expresión dice manifestación, e incluso manifestación formal), y por consiguiente de determinación en modo distintivo[38]. La relación establecida así entre el silencio (no manifestado) y la

---

[38] Es lo inexpresable (y no lo incomprensible como se cree vulgarmente) lo que se designa primitivamente por la palabra "misterio", ya que, en griego ⬛⬛⬛⬛ deriva de ⬛⬛⬛ que significa "callar", "ser silencioso". A la misma raíz verbal *mu* (de donde el latín *mutus*, "mudo") se vincula también el término ⬛⬛⬛⬛, "mito", que, antes de ser desviado de su sentido hasta no designar ya más que un relato fantástico, significaba aquello que, no siendo susceptible de expresarse directamente, solo podía ser sugerido por una representación simbólica, ya fuera por lo demás verbal o figurada.

palabra (manifestada) muestra como es posible concebir posibilidades de no manifestación que corresponden, por transposición analógica, a algunas posibilidades de manifestación[39], sin pretender por lo demás en modo alguno, aquí todavía, introducir en el No Ser una distinción efectiva que no podría encontrarse en él, puesto que la existencia en modo distintivo (que es la existencia en el sentido propio de la palabra) es esencialmente inherente a las condiciones de la manifestación (por lo demás, modo distintivo no es aquí, en todos los casos, forzosamente sinónimo de modo individual, puesto que este último no implica especialmente la distinción formal)[40].

---

[39] Se podrían considerar de la misma manera las tinieblas, en un sentido superior, como lo que está más allá de la manifestación luminosa, mientras que, en su sentido inferior y más habitual, son simplemente, en lo manifestado, la ausencia o la privación de la luz, es decir, algo puramente negativo; por lo demás, en el simbolismo, el color negro tiene usos que se refieren efectivamente a esta doble significación.

[40] Se podrá observar que las posibilidades de no manifestación que hemos considerado aquí corresponden al "Abismo" (▨▨▨▨) y al "Silencio" (▨▨▨0) de algunas escuelas del gnosticismo alejandrino, las cuales son en efecto aspectos del No Ser.

Capítulo IV

FUNDAMENTO DE LA TEORÍA DE LOS ESTADOS MÚLTIPLES

Lo que precede contiene, en toda su universalidad, el fundamento de la teoría de los estados múltiples: si se considera un ser cualquiera en su totalidad, deberá conllevar, al menos virtualmente, estados de manifestación y estados de no manifestación, ya que no es más que en este sentido como se puede hablar verdaderamente de "totalidad"; de otro modo, no se está en presencia más que de algo incompleto y fragmentario, que no puede constituir verdaderamente el ser total[41]. La no manifestación, hemos dicho más atrás, es la única que posee el carácter de permanencia absoluta; por consiguiente, es de ella de donde la manifestación, en su condición transitoria,

---

[41] Como lo hemos indicado al comienzo, si se quiere hablar del ser total, es menester, aunque este término no sea ya propiamente aplicable, llamarle también analógicamente "un ser", a falta de tener otro término más adecuado a nuestra disposición.

saca toda su realidad; y por esto se ve que el No Ser, lejos de ser la "nada", sería exactamente todo lo contrario, si no obstante la "nada" pudiera tener un contrario, lo que le supondría todavía un cierto grado de "positividad", cuando no es más que la "negación" absoluta, es decir, la pura imposibilidad[42].

Dicho esto, de ello resulta que son esencialmente los estados de no manifestación los que aseguran al ser la permanencia y la identidad; y, fuera de estos estados, es decir, si no se toma el ser más que en la manifestación, sin referirle a su principio no manifestado, esta permanencia y esta identidad no pueden ser más que ilusorias, puesto que el dominio de la manifestación es propiamente el dominio de lo transitorio y de lo múltiple, lo que implica modificaciones continuas e indefinidas. Desde entonces, se comprenderá fácilmente lo que es menester pensar, desde el punto de vista metafísico, de la pretendida unidad del "yo", es decir, del ser individual, que es tan indispensable a la psicología occidental y "profana": por una parte, es una unidad fragmentaria,

---

[42] La "nada" no se opone pues al Ser, contrariamente a lo que se dice de ordinario; es a la Posibilidad a la que se opondría, si pudiera entrar a la manera de un término real en una oposición cualquiera; pero, la cosa no es así, y no hay nada que pueda oponerse a la Posibilidad, lo que se comprende sin esfuerzo, desde que la Posibilidad es en realidad idéntica al Infinito.

puesto que no se refiere más que a una porción del ser, a uno de sus estados tomado aisladamente, y arbitrariamente, entre una indefinidad de otros (y todavía este estado está muy lejos de ser considerado ordinariamente en su integralidad); y, por otra parte, esta unidad, al no considerar más que el estado especial al cual se refiere, es así mismo tan relativa como es posible, puesto que este estado se compone él mismo de una indefinidad de modificaciones diversas, y tiene tanta menos realidad cuanto que se hace abstracción del principio transcendente (el "Sí-mismo" o la personalidad) que es el único que podría dársela verdaderamente, al mantener la identidad del ser, en modo permanente, a través de todas estas modificaciones.

Los estados de no manifestación son del dominio del No Ser, y los estados de manifestación son del dominio del Ser, considerado en su integralidad; se puede decir también que estos últimos corresponden a los diferentes grados de la Existencia, puesto que estos grados no son otra cosa que los diferentes modos, en multiplicidad indefinida, de la manifestación universal. Para establecer aquí una distinción clara entre el Ser y la Existencia, debemos, así como ya lo hemos dicho, considerar el Ser como siendo propiamente el principio mismo de la manifestación; la Existencia universal será entonces la manifestación integral del conjunto de las posibilidades que conlleva el Ser, y que son por lo demás todas las posibilidades de manifestación, y esto implica el desarrollo efectivo de estas posibilidades en un modo condicionado. Así, el Ser envuelve a la Existencia, y es metafísicamente más que ésta, puesto que es su principio; la Existencia no es pues idéntica al Ser, ya que éste corresponde a un menor grado de determinación, y, por consiguiente a un grado más alto de universalidad[43].

Aunque la Existencia sea esencialmente única, y eso porque el Ser en sí mismo es uno, por eso no comprende menos la multiplicidad indefinida de los modos de la manifestación, ya que los comprende a todos igualmente por eso mismo de que son igualmente posibles, y esta posibilidad implica que cada uno de ellos debe realizarse según las condiciones que le son propias. Como lo hemos dicho en otra parte, al hablar de esta "unicidad de la Existencia" (en árabe *Wahdatul wujûd*) según los datos del esoterismo Islámico[44],

---

[43] Aquí también, recordamos que "existir", en la acepción etimológica de esta palabra (del latín *ex-stare*), es propiamente ser dependiente o condicionado; es pues, en suma, no tener en sí mismo su propio principio o su razón suficiente, lo que es en efecto el caso de la manifestación, así como lo explicaremos a continuación al definir la contingencia de una manera más precisa.

[44] Le Symbolisme de la Croix, cap. I.

de ello resulta que la Existencia, en su "unicidad" misma, conlleva una indefinidad de grados, que corresponden a todos los modos de la manifestación universal (la cual es en el fondo la misma cosa que la Existencia en sí misma); y esta multiplicidad indefinida de los grados de la existencia implica correlativamente, para un ser cualquiera considerado en el dominio entero de esta Existencia, una multiplicidad igualmente indefinida de estados de manifestación posibles, de los que cada uno debe realizarse en un grado determinado de la Existencia universal. Por consiguiente, un estado de un ser es el desarrollo de una posibilidad particular comprendida en un tal grado, grado que está definido por las condiciones a las cuales está sometida la posibilidad de que se trate, en tanto que se considera como realizándose en el dominio de la manifestación[45].

Así pues, cada estado de manifestación de un ser corresponde a un grado de la Existencia, y ese estado conlleva además modalidades diversas, según las diferentes combinaciones de condiciones de las que es susceptible un mismo modo general de manifestación; en fin, cada modalidad comprende ella misma una serie indefinida de

---

[45] Esta restricción es necesaria porque, en su esencia no manifestada, esta misma posibilidad no puede estar sometida evidentemente a tales condiciones.

modificaciones secundarias y elementales. Por ejemplo, si consideramos el ser en este estado particular que es la individualidad humana, la parte corporal de esta individualidad no es más que una de sus modalidades, y esta modalidad está determinada, no precisamente por alguna condición especial de existencia, sino por un conjunto de condiciones que delimitan sus posibilidades, siendo estas condiciones aquellas cuya reunión define el mundo sensible o corporal[46]. Como ya lo hemos indicado[47], cada una de estas condiciones, considerada aisladamente de las otras, puede entenderse más allá del dominio de esta modalidad, y, ya sea por su propia extensión, ya sea por su combinación con condiciones diferentes, constituir entonces los dominios de otras modalidades, que forman parte de la misma individualidad integral. Por otra parte, cada modalidad debe considerarse como susceptible de desarrollarse en el recorrido

---

[46] Es lo que la doctrina hindú designa como el dominio de la manifestación grosera; se le da también algunas veces el nombre de *mundo físico*, pero esta expresión es equívoca, y, si puede justificarse por el sentido moderno de la palabra "físico", que ya no se aplica en efecto más que a lo que concierne únicamente a las cualidades sensibles, pensamos que vale más guardar siempre para esta palabra su sentido antiguo y etimológico (de ▨▨▨▨, "naturaleza"); cuando se entiende así, la manifestación sutil no es menos "física" que la manifestación grosera, ya que la "naturaleza", es decir, propiamente el dominio del "devenir", es en realidad idéntica a la manifestación universal toda entera.

[47] Le Symbolisme de la Croix, cap. XI.

de un cierto ciclo de manifestación, y, para la modalidad corporal, en particular, las modificaciones secundarias que conlleva este desarrollo serán todos los momentos de su existencia (considerada bajo el aspecto de la sucesión temporal), o, lo que equivale a lo mismo, todos los actos y todos los gestos, cualesquiera que sean, que llevará a cabo en el curso de esta existencia[48].

Es casi superfluo insistir sobre el poco sitio que ocupa el "yo" individual en la totalidad del ser[49], puesto que, incluso en toda la extensión que puede adquirir cuando se considera en su integralidad (y no solo en una modalidad particular como la modalidad corporal), no constituye más que un estado como los demás, y entre una indefinidad de otros, y eso, cuando uno se limita a considerar solo los estados de manifestación; pero, además, desde el punto de vista metafísico, éstos mismos no son sino lo que hay de menos importante en el ser total, por las razones que hemos dado más atrás[50]. Entre los estados de manifestación, hay algunos,

---

[48] Le Symbolisme de la Croix, cap. XII.

[49] Le Symbolisme de la Croix, cap. XXVII.

[50] Se podría pues decir que el "yo" con todos los prolongamientos de los que es susceptible, tiene incomparablemente menos importancia que la que le atribuyen los psicólogos y los filósofos occidentales modernos, aunque, sin embargo, tiene posibilidades indefinidamente más extensas de lo que creen y de lo que pueden

además de la individualidad humana, que pueden ser igualmente estados individuales (es decir, formales), mientras que otros son estados no individuales (o informales), estando determinada la naturaleza de cada uno (así como su lugar en el conjunto jerárquicamente organizado del ser) por las condiciones que le son propias, puesto que se trata de estados condicionados, por eso mismo de que son manifestados. En cuanto a los estados de no manifestación, es evidente que, no estando sometidos a la forma, como tampoco a ninguna otra condición de un modo cualquiera de existencia manifestada, son esencialmente extraindividuales; podemos decir que constituyen lo que hay de verdaderamente universal en cada ser, y por consiguiente aquello por lo cual todo ser se vincula, en todo lo que es, a su principio metafísico y transcendente, vinculamiento sin el cual no tendría más que una existencia completamente contingente y puramente ilusoria en el fondo.

---

siquiera sospechar (Ver *L'Homme et son devenir selon le Vêdânta*, cap. II, y también lo que diremos más adelante de las posibilidades de la consciencia individual).

Capítulo V

RELACIONES DE LA UNIDAD DE LA MULTIPLICIDAD

En el No Ser, no puede plantearse una cuestión de una multiplicidad de estados, puesto que es esencialmente el dominio de lo indiferenciado e incluso de lo incondicionado: lo incondicionado no puede estar sometido a las determinaciones de lo uno y de lo múltiple, y lo indiferenciado no puede existir en modo distintivo. Si hablamos, no obstante, de los estados de no manifestación, no es para establecer en la expresión una suerte de simetría con los estados de manifestación, que sería injustificada y completamente artificial; sino porque estamos forzados a introducir ahí en cierto modo una distinción, a falta de la cual no podríamos hablar de ello en absoluto; solamente, debemos darnos cuenta perfectamente de que esta distinción no existe en sí misma, que somos nosotros quienes le damos su existencia completamente relativa, y que solo así podemos considerar lo que hemos llamado aspectos del No

Ser, haciendo destacar por lo demás todo lo que una tal expresión tiene de impropia y de inadecuada. En el No Ser, no hay multiplicidad, y, en todo rigor, tampoco hay unidad, ya que el No Ser es el Cero metafísico, al cual estamos obligados a dar un nombre para hablar de él, y ya que es lógicamente anterior a la unidad; por eso es por lo que, a este respecto, la doctrina hindú habla solo de "no-dualidad" (*adwaita*), lo que, por lo demás, debe relacionarse también con lo que hemos dicho más atrás sobre el empleo de los términos de forma negativa.

A propósito de esto, es esencial destacar que el Cero metafísico no tiene más relaciones con el cero matemático, que no es más que el signo de lo que se puede llamar una nada de cantidad, que las que tiene el Infinito verdadero con el simple indefinido, es decir, con la cantidad indefinidamente creciente o indefinidamente decreciente[51]; y esta ausencia de relaciones, si puede expresarse así, es exactamente del mismo orden en uno y otro caso, con la reserva, no obstante, de que el Cero metafísico no es más que un aspecto del Infinito; al

---

[51] Estos dos casos de lo indefinidamente creciente y de lo indefinidamente decreciente son lo que corresponde en realidad a lo que Pascal ha llamado tan impropiamente los "dos infinitos" (ver *Le Symbolisme de la Croix*, cap. XXIX); conviene insistir sobre el hecho de que ni uno ni otro nos hacen salir de ninguna manera del dominio cuantitativo.

menos, nos está permitido considerarle como tal en tanto que contiene en principio la unidad, y por consiguiente todo el resto. En efecto, la unidad primordial no es otra cosa que el Cero afirmado, o, en otros términos, el Ser universal, que es esta unidad, no es más que el No Ser afirmado, en la medida en que es posible una tal afirmación, que es ya una primera determinación, pues ella no es más que la más universal de todas las afirmaciones definidas, y por consiguiente, condicionadas; y esta primera determinación, preliminar a toda manifestación y a toda particularización (comprendida ahí la polarización en "esencia" y "substancia" que es la primera dualidad y, como tal, el punto de partida de toda multiplicidad), contiene en principio todas las demás determinaciones o afirmaciones distintivas (que corresponden a todas las posibilidades de manifestación), lo que equivale a decir que la unidad, desde que se afirma, contiene en principio la multiplicidad, o que ella misma es el principio inmediato de esta multiplicidad[52].

---

[52] Recordaremos todavía, pues no se podría insistir demasiado en ello, que la unidad de que se trata aquí es la unidad metafísica o "transcendente", que se aplica al Ser universal como un atributo "coextensivo" a éste, para emplear el lenguaje de los lógicos (aunque la noción de "extensión" y la de "comprensión" que le es correlativa no sean ya propiamente aplicables más allá de las "categorías" o de los géneros más generales, es decir, cuando se pasa de lo general a lo universal), y que, como tal, difiere esencialmente de la unidad matemática o numérica, que no

Frecuentemente se ha preguntado, y bastante vanamente, cómo la multiplicidad podía salir de la unidad, sin apercibirse de que, formulada así, la pregunta no conlleva ninguna solución, por la simple razón de que está mal planteada, y, bajo esta forma, no corresponde a ninguna realidad; en efecto, la multiplicidad no sale de la unidad, como tampoco la unidad sale del Cero metafísico, o como ninguna cosa sale del Todo universal, o como ninguna posibilidad puede encontrase fuera del Infinito o de la Posibilidad total[53]. La multiplicidad está comprendida en la unidad primordial, y no cesa de estar comprendida en ella por el hecho de su desarrollo en modo manifestado; esta multiplicidad es la de las posibilidades de manifestación, y no puede ser concebida de otro modo que como tal, ya que es la manifestación la que implica la existencia distintiva; y por otra parte, puesto que se trata de posibilidades, es menester que existan de la manera

---

se aplica más que al dominio cuantitativo únicamente; y es la misma cosa para la multiplicidad, según la precisión que ya hemos hecho precedentemente en varias ocasiones. Hay solamente analogía, y no identidad y ni siquiera similitud entre las nociones metafísicas de que hablamos y las nociones matemáticas correspondientes; la designación de las unas y de las otras por términos comunes no expresa en realidad nada más que esta analogía.

[53] Por eso es por lo que pensamos que debe evitarse, tanto como sea posible, el empleo de un término tal como el de "emanación", que evoca una idea o más bien una imagen falsa, la de una "salida" fuera del Principio.

que está implicada por su naturaleza. Así, el principio de la manifestación universal, aunque es uno, y aunque es incluso la unidad en sí, contiene necesariamente la multiplicidad; y ésta, en todos sus desarrollos indefinidos, y efectuándose indefinidamente según una indefinidad de direcciones[54], procede toda entera de la unidad primordial, en la cual permanece siempre comprendida, y que no puede ser afectada o modificada de ninguna manera por la existencia en ella de esta multiplicidad, ya que, evidentemente, no podría dejar de ser ella misma por un efecto de su propia naturaleza, y es precisamente en tanto que ella es la unidad como implica esencialmente las posibilidades múltiples de que se trata. Por consiguiente, es en la unidad metafísica donde existe la multiplicidad, y, como no afecta a la unidad, ello es prueba de que no tiene más que una existencia completamente contingente en relación a ésta; podemos decir incluso que esta existencia, mientras no se la refiere a la unidad como acabamos de hacerlo, es puramente ilusoria; es únicamente la unidad la que, siendo su principio, le da toda la realidad de la

---

[54] No hay que decir que la palabra "direcciones", tomada a la consideración de las posibilidades espaciales, debe entenderse aquí simbólicamente, ya que, en el sentido literal, no se aplicaría más que a una ínfima parte de las posibilidades de manifestación; el sentido que le damos aquí está en conformidad con todo lo que hemos expuesto en *Le Symbolisme de la Croix*.

que es susceptible; y la unidad misma, a su vez, no es un principio absoluto y que se basta así mismo, sino que es del Cero metafísico de donde saca su propia realidad.

Puesto que el Ser no es más que la primera afirmación, la determinación más primordial, no es el principio supremo de todas las cosas; no es, lo repetimos, más que el principio de la manifestación, y por esto mismo se ve cuanto se restringe el punto de vista metafísico para aquellos que pretenden reducirle solo a la "ontología"; hacer así abstracción del No Ser, es excluir propiamente todo lo que es más verdadera y más puramente metafísico. Dicho esto, concluiremos así en lo que concierne al punto que acabamos de tratar: el Ser es uno en sí mismo, y, por consiguiente, la Existencia universal, que es la manifestación integral de sus posibilidades, es única en su esencia y en su naturaleza íntima; pero ni la unidad del Ser ni la "unicidad" de la existencia excluyen la multiplicidad de los modos de la manifestación, de donde la indefinidad de los grados de la Existencia, en el orden general y cósmico, y la de los estados del ser en el orden de las existencias particulares[55]. Por consiguiente, la consideración de los estados múltiples no está en modo alguno en contradicción

---

[55] No decimos "individuales", ya que en lo que se trata aquí están comprendidos igualmente los estados de manifestación informal, que son supraindividuales.

con la unidad del Ser, como tampoco lo está con la "unicidad" de la Existencia que se funda sobre esta unidad, puesto que ni la una ni la otra son afectadas en nada por la multiplicidad; y de eso resulta que, en todo el dominio del Ser, la constatación de la multiplicidad, lejos de contradecir la afirmación de la unidad o de oponerse a ella en cierto modo, encuentra en ella el único fundamento válido que pueda serle dado, tanto lógica como metafísicamente.

Capítulo VI

CONSIDERACIONES ANALÓGICAS SACADAS DEL ESTUDIO DEL ESTADO DE SUEÑO

Abandonaremos ahora el punto de vista puramente metafísico en el que nos hemos colocado, en el capítulo precedente, para considerar la cuestión de las relaciones de la unidad y de la multiplicidad, ya que quizás podremos hacer comprender mejor todavía la naturaleza de estas relaciones por algunas consideraciones analógicas, dadas aquí a título de ejemplo, o más bien de "ilustración", si se puede hablar así[56], y que mostrarán en qué sentido y en qué medida se puede decir que la existencia de la multiplicidad es ilusoria al respecto de la unidad, aunque tiene, bien entendido, tanta realidad como

---

[56] En efecto, no hay ejemplo posible, en el sentido estricto de esta palabra, en lo que concierne a las verdades metafísicas, puesto que estas son universales por esencia y no son susceptibles de ninguna particularización, mientras que todo ejemplo es forzosamente de orden particular, a un grado o a otro.

conlleve su naturaleza. Tomaremos estas consideraciones, de un carácter más particular, al estudio del estado de sueño, que es una de las modalidades de la manifestación del ser humano, correspondiente a la parte sutil (es decir, no corporal) de su individualidad, y en el cual este ser produce un mundo que procede todo entero de sí mismo, y cuyos objetos consisten exclusivamente en concepciones mentales (por oposición a las percepciones sensoriales del estado de vigilia), es decir, en combinaciones de ideas revestidas de formas sutiles, dependiendo estas formas substancialmente de la forma sutil del individuo mismo, forma sutil de la que los objetos ideales del sueño no son en suma sino otras tantas modificaciones accidentales y secundarias[57].

El hombre, en el estado de sueño, se sitúa pues en un mundo que es todo entero imaginado por él[58], un mundo cuyos elementos son por consiguiente sacados de sí mismo, de su propia individualidad más o menos extensa (en sus modalidades extracorporales), como otras tantas formas "ilusorias" (*mâyâvi-rûpa*)[59], y eso aunque él no posea

---

[57] Ver L'Homme et son devenir selon le Vêdânta, cap. XII.

[58] La palabra "imaginado" debe de entenderse aquí en su sentido más exacto, puesto que es de una formación de imágenes de lo que se trata esencialmente en el sueño.

[59] Ver L'Homme et son devenir selon le Vêdânta, cap. X.

actualmente la consciencia clara y distinta de ello. Cualquiera que sea el punto de partida interior o exterior, que puede ser muy diferente según los casos, que da al sueño una cierta dirección, los acontecimientos que se desarrollan en él no pueden resultar más que de una combinación de elementos contenidos, al menos potencialmente y como susceptibles de un cierto género de realización, en la comprehensión integral del individuo; y, si estos elementos, que son modificaciones del individuo, son en multitud indefinida, la variedad de tales combinaciones posibles es igualmente indefinida. El sueño, en efecto, debe ser considerado como un modo de realización para posibilidades que, aunque pertenecen al dominio de la individualidad humana, no son susceptibles, por una razón o por otra, de realizarse en modo corporal; tales son, por ejemplo, las formas de seres que pertenecen al mismo mundo, pero diferentes de la del hombre, formas que éste posee virtualmente en sí mismo en razón de la posición central que ocupa en este mundo[60]. Evidentemente, estas formas no pueden ser realizadas por el ser humano más que en el estado sutil, y el sueño es el medio más ordinario, se podría decir que es el medio más normal, de todos aquellos por los cuales le es posible identificarse a otros seres, sin dejar de ser por eso él

---

[60] Ver Le Symbolisme de la Croix, cap. II.

mismo, así como lo indica este texto taoísta: "Antaño, cuenta Tchoang-tcheou, una noche, fui una mariposa, revoloteando contenta de su suerte; después me desperté siendo Tchoang-tcheou. ¿Quién soy yo, en realidad? ¿Una mariposa que sueña que es Tchoang- tcheou, o Tchoang-tcheou que se imagina que fue una mariposa? ¿Hay en mi caso dos individuos reales? ¿Ha habido transformación real de un individuo en otro? Ni lo uno ni lo otro; hubo dos modificaciones irreales del ser único, de la norma universal, en la que todos los seres en todos sus estados son uno"[61].

Si el individuo que sueña toma al mismo tiempo, en el curso de este sueño, una parte activa en los acontecimientos que se desarrollan en él por el efecto de su facultad imaginativa, es decir, si desempeña un papel determinado en la modalidad extracorporal de su ser que corresponde actualmente al estado de su consciencia claramente manifestada, o a lo que se podría llamar la zona central de esta consciencia, por eso no es menos necesario admitir que, simultáneamente, todos los demás papeles son igualmente "actuados" por él, ya sea en otras modalidades, ya sea al menos en diferentes modificaciones secundarias de la misma modalidad, perteneciente también a su consciencia

---

[61] Tchoang-tcheou, II.

individual, sino en su estado actual, restringido, de manifestación en tanto que consciencia, si al menos en una cualquiera de sus posibilidades de manifestación, las cuales, en su conjunto, abarcan un campo indefinidamente más extenso. Todos estos papeles aparecen naturalmente como secundarios en relación al que es el principal para el individuo, es decir, a aquel donde su consciencia actual está directamente interesada, y, puesto que todos los elementos del sueño no existen más que por él, se puede decir que no son reales sino en tanto que participan en su propia existencia: es él mismo el que los realiza como otras tantas modificaciones de sí mismo, sin dejar por eso de ser él mismo independientemente de estas modificaciones que no afectan en nada a lo que constituye la esencia propia de su individualidad. Además, si el individuo es consciente de que sueña, es decir, de que todos los acontecimientos que se desarrollan en ese estado no tienen verdaderamente más que la realidad que les da él mismo, no será afectado de ninguna manera por ellos mientras será su actor al tiempo que su espectador, y precisamente porque no dejará de ser espectador para devenir actor, puesto que la concepción y la realización no estarán ya separadas para su consciencia individual llegada a un grado de desarrollo suficiente como para abarcar sintéticamente todas las modificaciones actuales de la individualidad. Si ello fuera de otro modo, las mismas modificaciones pueden realizarse también, pero, puesto que la consciencia no liga ya directamente esta realización a la concepción de la cual es un efecto, el individuo es llevado a atribuir a los acontecimientos una realidad exterior a él mismo, y, en la medida en la que se la atribuye efectivamente, está sometido a una ilusión cuya causa está en él, ilusión que consiste en separar la multiplicidad de esos acontecimientos de lo que es su principio inmediato, es decir, de su propia unidad individual[62].

Este es un ejemplo muy claro de una multiplicidad existiendo en una unidad sin que ésta sea afectada por ello; aunque la unidad de que se trata no sea más que una unidad completamente relativa, la de un individuo, por eso no juega menos, en relación a esta multiplicidad, un papel análogo al de la unidad verdadera y primordial en relación a la manifestación universal. Por lo demás, habríamos podido tomar otro ejemplo, e incluso considerar de esta manera la

---

[62] Pueden hacerse igualmente las mismas precisiones en el caso de la alucinación, en la cual el error no consiste, como se dice de ordinario, en atribuir una realidad al objeto percibido, ya que sería evidentemente imposible percibir algo que no existiera de ninguna manera, sino más bien en atribuirle un modo de realidad diferente del que es verdaderamente el suyo: es en suma una confusión entre el orden de la manifestación sutil y el de la manifestación corporal.

percepción en el estado de vigilia[63]; pero el caso que hemos escogido tiene sobre éste la ventaja de no dar pie a ninguna contestación, en razón de las condiciones que son particulares al mundo del sueño, en el cual el hombre está aislado de todas las cosas exteriores, o supuestas exteriores[64], que constituyen el mundo sensible. Lo que hace la realidad de este mundo del sueño, es únicamente la consciencia individual considerada en todo su desarrollo, en todas las posibilidades de manifestación que ella comprende; y, por lo demás, esta misma consciencia, considerada así en su conjunto, comprende este mundo del sueño al mismo título que todos los demás elementos de la manifestación individual, pertenecientes a una cualquiera de las modalidades que están contenidas en la extensión integral de la posibilidad individual.

Ahora, importa destacar que, si se quiere considerar analógicamente la manifestación universal, solo puede decirse

---

[63] Leibnitz ha definido la percepción como la "expresión de la multiplicidad en la unidad" (multorum in uno expressio), lo que es justo, pero a condición de hacer las reservas que ya hemos indicado sobre la unidad que conviene atribuir a la "substancia individual" (ver *Le Symbolisme de la Croix*, cap. IV).

[64] Por esta restricción, no entendemos en modo alguno negar la exterioridad de los objetos sensibles, que es una consecuencia de su espacialidad; queremos indicar solo que aquí no hacemos intervenir la cuestión del grado de realidad que hay lugar a asignar a esta exterioridad.

que, como la consciencia individual hace la realidad de este mundo especial que está constituido por todas sus modalidades posibles, así también hay algo que hace la realidad del Universo manifestado, pero sin que sea de ningún modo legítimo hacer de este "algo" el equivalente de una facultad individual o de una condición especializada de existencia, lo que sería una concepción eminentemente antropomórfica y antimetafísica. Por consiguiente, es algo que no es ni la consciencia ni el pensamiento, sino algo de lo que la consciencia y el pensamiento no son, por el contrario, sino modos particulares de manifestación; y, si hay una indefinidad de tales modos posibles, que pueden ser considerados como otras tantas atribuciones, directas o indirectas, del Ser universal, análogas en una cierta medida a lo que son para el individuo los papeles jugados en el sueño por sus modalidades o modificaciones múltiples, y por las cuales tampoco él es afectado en su naturaleza íntima, no hay ninguna razón para pretender reducir todas estas atribuciones a una o varias de entre ellas, o al menos no puede haber más que una, que no es otra que esa tendencia sistemática que ya hemos denunciado como incompatible con la universalidad de la metafísica. Estas atribuciones, cualesquiera que sean, son solo aspectos diferentes de este principio único que hace la realidad de toda la manifestación porque es el Ser mismo, y su diversidad no existe más que desde el punto de vista de la manifestación diferenciada, no desde el punto de vista de su principio o del Ser en sí, que es la unidad primordial y verdadera. Eso es verdad incluso para la distinción más universal que se pueda hacer en el Ser, la de la "esencia" y de la "substancia", que son como los dos polos de toda la manifestación; *a fortiori* ello es así para aspectos mucho más particulares, y por consiguiente, más contingentes y de importancia secundaria[65]: cualquiera que sea el valor que puedan tomar a los ojos del individuo, cuando éste los considera desde su punto de vista especial, hablando propiamente, no son más que simples "accidentes" en el Universo.

---

[65] Hacemos alusión aquí, concretamente, a la distinción del "espíritu" y de la "materia", tal como la plantea, desde Descartes, toda la filosofía occidental, que ha llegado a querer absorber en ella toda la realidad, ya sea en los términos de esta distinción, ya sea solo en uno o en otro de estos dos términos, por encima de los cuales es incapaz de elevarse (ver *Introduction générale à l'étude des doctrines hindoues*, 2ª parte, cap. VIII).

Capítulo VII

LAS POSIBILIDADES DE LA CONSCIENCIA INDIVIDUAL

Lo que acabamos de decir sobre el estado de sueño nos lleva a hablar un poco, de una manera general, de las posibilidades que conlleva el ser humano en los límites de su individualidad, y, más particularmente, de las posibilidades de este estado individual considerado bajo el aspecto de la consciencia, que constituye una de sus características principales. Bien entendido, no es en el punto de vista psicológico donde entendemos colocarnos aquí, aunque este punto de vista pueda definirse precisamente por la consciencia considerada como un carácter inherente a algunas categorías de fenómenos que se producen en el ser humano, o, si se prefiere una manera de hablar más imaginada, como el "continente" de esos mismos fenómenos[66]. El psicólogo, por otra parte, no tiene que

---

[66] La relación de continente a contenido, tomada en su sentido literal, es una relación especial; pero aquí no debe entenderse más que de una manera

preocuparse de buscar lo que puede ser en el fondo la naturaleza de esta consciencia, como tampoco el geómetra busca lo que es la naturaleza del espacio, que toma como un dato incontestable, y que considera simplemente como el continente de todas las formas que estudia. En otros términos, la psicología no tiene que ocuparse más que de lo que podemos llamar la "consciencia fenoménica", es decir, la consciencia considerada exclusivamente en sus relaciones con los fenómenos, y sin preguntarse si la misma es o no es la expresión de algo de otro orden, que, por definición misma, ya no depende del dominio psicológico[67].

Para nosotros, la consciencia es algo completamente diferente que para el psicólogo: ella no constituye un estado de ser particular, y no es por lo demás el único carácter distintivo del estado individual humano; incluso en el estudio de este estado, o más precisamente de sus modalidades extracorporales, no nos es posible pues admitir que todo se

---

completamente figurada, puesto que lo que se trata es sin extensión y no se sitúa en el espacio.

[67] De esto resulta que la psicología, sea lo que fuere lo que algunos puedan pretender a su respecto, tiene exactamente el mismo carácter de relatividad que no importa cual otra ciencia especial y contingente, y que tampoco tiene relaciones con la metafísica; es menester no olvidar por lo demás que no es más que una ciencia completamente moderna y "profana", sin lazo alguno con conocimientos tradicionales cualesquiera que sean.

reduce a un punto de vista más o menos similar al de la psicología. La consciencia sería más bien una condición de la existencia en algunos estados, pero no estrictamente en el sentido en el que hablamos, por ejemplo, de las condiciones de la existencia corporal; se podría decir, de una manera más exacta, aunque puede parecer algo extraña a primera vista, que la consciencia es una "razón de ser" para los estados de que se trata, ya que es manifiestamente aquello por lo cual el ser individual participa de la Inteligencia universal (*Buddhi* de la doctrina hindú)[68]; pero, naturalmente, es a la facultad mental individual (*manas*) a la que es inherente bajo su forma determinada (como *ahankâra*)[69], y, por consiguiente, en otros estados, la misma participación del ser en la Inteligencia universal puede traducirse de un modo completamente diferente. La consciencia, de la que no pretendemos por lo demás dar aquí una definición completa, lo que sería sin duda bastante poco útil[70], es por consiguiente algo especial, ya sea al estado humano, ya sea a otros estados individuales más o menos análogos a éste; por consiguiente, ella no es de ninguna

---

[68] Ver L'Homme et son devenir selon le Vêdânta, cap. VII.

[69] Ver L'Homme et son devenir selon le Vêdânta, cap. VIII.

[70] Ocurre, en efecto, que, para cosas de las que cada uno tiene por sí mismo una noción suficientemente clara, como es el caso aquí, la definición aparece como más compleja y más oscura que la cosa misma.

manera un principio universal, y, si constituye no obstante una parte integrante y un elemento necesario de la Existencia universal, ello es exactamente al mismo título que todas las condiciones propias a no importa cuáles estados de ser, sin que posea a este respecto el menor privilegio, como tampoco los estados a los cuales se refiere poseen ellos mismos ningún privilegio en relación a los demás estados[71].

A pesar de estas restricciones esenciales, la consciencia, en el estado individual humano, por eso no es menos, como este estado mismo, susceptible de una extensión indefinida; e, incluso en el hombre ordinario, es decir, en el que no ha desarrollado especialmente sus modalidades extracorporales, la consciencia se extiende efectivamente mucho más lejos de lo que se supone comúnmente. Se admite bastante generalmente, es verdad, que la consciencia actualmente clara y distintiva no es toda la consciencia, que no es más que una porción de ella más o menos considerable, y que lo que deja fuera de ella puede rebasarla con mucho en extensión y en complejidad; pero, si los psicólogos reconocen de buena gana la existencia de una "subconsciencia", si incluso abusan de ella a veces como de un medio de explicación muy cómodo,

---

[71] Sobre esta equivalencia de todos los estados desde el punto de vista del ser total, ver *Le Symbolisme de la Croix*, cap. XXVII.

haciendo entrar ahí indistintamente todo aquello que no saben dónde colocar entre los fenómenos que estudian, han olvidado siempre considerar correlativamente una "superconsciencia"[72], como si la consciencia no pudiera prolongarse también por arriba como lo hace por abajo, si es que estas nociones relativas de "arriba" y de "abajo" tienen aquí un sentido cualquiera, y es verosímil que deban tenerlo, al menos, para el punto de vista especial de los psicólogos. Notemos por lo demás que "subconsciencia" y "superconsciencia" no son en realidad, la una y la otra, más que simples prolongamientos de la consciencia, que en modo alguno nos hacen salir de su dominio integral, y que, por consecuencia, no pueden, de ninguna manera, ser asimiladas a lo "inconsciente", es decir, a lo que está fuera de la consciencia, sino que deben por el contrario ser comprendidas en la noción completa de la consciencia individual.

---

[72] Algunos psicólogos han empleado no obstante este término de "superconsciencia", pero por él no entienden nada más que la consciencia normal clara y distinta, por oposición a la "subconsciencia"; en estas condiciones, no hay en eso más que un neologismo perfectamente inútil. Al contrario, lo que entendemos aquí por "superconsciencia" es verdaderamente simétrico de la "subconsciencia", en relación a la consciencia ordinaria, y entonces este término ya no hace doble empleo con ningún otro.

En estas condiciones, la consciencia individual puede bastar para dar cuenta de todo lo que, desde el punto de vista mental, sucede en el dominio de la individualidad, sin que haya lugar a hacer llamada a una hipótesis bizarra de una "pluralidad de consciencias", que algunos han llegado hasta entender en el sentido de un "polisquismo" literal. Es verdad que la "unidad del yo", tal como se considera de ordinario, es igualmente ilusoria; pero, si ello es así, es justamente como la pluralidad y la complejidad existen en el seno mismo de la consciencia, que se prolonga en modalidades de las cuales algunas pueden ser muy lejanas y muy obscuras, como las que constituyen lo que se puede llamar la "consciencia orgánica"[73], y como la mayor parte también de las que se manifiestan en el estado de sueño.

Por otro lado, la extensión indefinida de la consciencia hace completamente inútiles algunas teorías extrañas que han visto la luz en nuestra época, y cuya imposibilidad metafísica basta por lo demás para refutarlas plenamente. Aquí no entendemos hablar solo de las hipótesis más o menos "reencarnacionistas" y de todas las que le son comparables, que implican una parecida limitación de la Posibilidad universal, y sobre las cuales ya hemos tenido la ocasión de

---

[73] Ver L'Homme et son devenir selon le Vêdânta, cap. VII.

explicarnos con todos los desarrollos necesarios[74]; aquí tenemos más particularmente en vista la hipótesis "transformista", que, por lo demás, ahora ha perdido mucha de la consideración inmerecida de que ha gozado durante un cierto tiempo[75]. Para precisar este punto sin extendernos en él en medida de más, haremos destacar que la pretendida ley del "paralelismo de la ontogenia y de la filogenia", que es uno de los principales postulados del "transformismo", supone, ante todo, que hay realmente una "filogenia" o "filiación de la especie", lo que no es un hecho, sino una hipótesis completamente gratuita; el único hecho que pueda ser constatado, es la realización de algunas formas orgánicas por el individuo en el curso de su desarrollo embrionario, y, desde que realiza estas formas de esta manera, no hay necesidad de haberlas realizado ya en las supuestas "existencias sucesivas", y tampoco es necesario que la especie a la que pertenece las haya realizado por él en un desarrollo en el que, en tanto que individuo, no habría podido tomar parte ninguna. Por lo

---

[74] L'*Erreur spirite*, 2ª parte, cap. VI; ver también *Le Symbolisme de la Croix*, cap. XV.

[75] El éxito de esta teoría se debió por lo demás en una buena parte a razones que no tienen nada de "científico", sino que inciden directamente en su carácter antitradicional; por las mismas razones, es de prever que, aunque ningún biólogo serio crea ya en ella, esta teoría subsistirá mucho tiempo todavía en los manuales escolares y en las obras de vulgarización.

demás, puestas aparte las consideraciones embriológicas, la concepción de los estados múltiples nos permite considerar todos esos estados como existiendo simultáneamente en un mismo ser, y no como no pudiendo ser recorridos sino sucesivamente en el curso de una "descendencia" que pasaría, no solo de un ser a otro, sino incluso de una especie a otra[76]. La unidad de la especie es, en un sentido, más verdadera y más esencial que la del individuo[77], lo que se opone a la realidad de una tal "descendencia"; por el contrario, el ser que, como individuo, pertenece a una especie determinada, por eso no es menos, al mismo tiempo, independiente de esta especie en sus estados extraindividuales, y puede incluso, sin ir tan lejos, tener lazos establecidos con otras especies por simples prolongamientos de la individualidad. Por ejemplo,

---

[76] Debe entenderse bien que la imposibilidad del cambio de especie no se aplica más que a las especies verdaderas, que no coinciden siempre forzosamente con lo que se designa como tal en las clasificaciones de los zoólogos y de los botánicos, puesto que éstos pueden tomar sin razón por especies distintas lo que no es realidad sino razas o variedades de una misma especie.

[77] Esta afirmación puede parecer bastante paradójica a primera vista, pero se justifica suficientemente cuando se considera el caso de los vegetales y el de algunos animales dichos inferiores, tales como los pólipos y los gusanos, donde es casi imposible reconocer si se está en presencia de uno o de varios individuos y determinar en qué medida esos individuos son verdaderamente distintos los unos de los otros, mientras que los límites de la especie, por el contrario, aparecen siempre bastante claramente.

como lo hemos dicho más atrás, el hombre que reviste una cierta forma en sueños, hace por eso mismo de esa forma una modalidad secundaria de su propia individualidad, y, por consiguiente, la realiza efectivamente según el único modo en el que esta realización le es posible. Hay también, bajo este mismo punto de vista, otros prolongamientos individuales que son de un orden bastante diferente, y que presentan un carácter más bien orgánico; pero esto nos llevaría demasiado lejos, y nos limitamos a indicarlo de pasada[78]. Por lo demás, en lo que concierne a una refutación más completa y más detallada de las teorías "transformistas", debe fundarse sobre todo en el estudio de la naturaleza de la especie y de sus condiciones de existencia, estudio que no podríamos tener la intención de abordar al presente; pero lo que es esencial destacar, es que la simultaneidad de los estados múltiples basta para probar la inutilidad de tales hipótesis, que son perfectamente insostenibles desde que se consideran desde el punto de vista metafísico, y cuya falta de principio entraña necesariamente la falsedad de hecho.

Insistimos más particularmente sobre la simultaneidad de los estados de ser, ya que, incluso para las modificaciones individuales, que se realizan en modo sucesivo en el orden de

---

[78] Ver *L'Erreur spirite*, pp. 249-252, ed. francesa.

la manifestación, si no se concibieran como simultáneas en principio, su existencia no podría ser sino puramente ilusoria. No solo la "emanación de las formas" en lo manifestado, a condición de conservarle su carácter completamente relativo y contingente, es plenamente compatible con la "permanente actualidad" de todas las cosas en lo no manifestado, sino que, si no hubiera ningún principio en el cambio, el cambio mismo, así como lo hemos explicado en otras ocasiones, estaría desprovisto de toda realidad.

Capítulo VIII

LA MENTE, ELEMENTO CARACTERÍSTICO DE LA INDIVIDUALIDAD HUMANA

Hemos dicho que la consciencia, entendida en su sentido más general, no es algo que pueda considerarse como rigurosamente propio del ser humano como tal, es decir, como susceptible de caracterizarle a exclusión de todos los demás seres; y hay en efecto, incluso en el dominio de la manifestación corporal (que no representa más que una porción restringida del grado de la Existencia donde se sitúa el ser humano), y en esta parte de la manifestación corporal que nos concierne más inmediatamente y que constituye la existencia terrestre, una multitud de seres que no pertenecen a la especie humana, pero que, no obstante, presentan con ella bastante similitud, bajo muchos aspectos, como para que no nos esté permitido suponerlos desprovistos de consciencia, incluso tomada simplemente en su sentido psicológico ordinario. Tal es, a un grado o a otro, el caso de todas las especies animales, que dan testimonio, por lo demás, manifiestamente, de la posesión de consciencia; ha sido menester toda la ceguera que puede causar el espíritu de sistema para dar nacimiento a una teoría tan contraria a toda evidencia como lo es la teoría cartesiana de los "animales máquinas". Quizás es menester ir más lejos todavía, y considerar, para otros reinos orgánicos, si no para todos los seres del mundo corporal, la posibilidad de otras formas de consciencia, que aparece como ligada más especialmente a la condición vital; pero esto no importa al presente para lo que nos proponemos establecer.

No obstante, hay ciertamente una forma de consciencia, entre todas las que puede revestir, que es propiamente humana, y esta forma determinada (*ahankâra* o "consciencia del yo") es la que es inherente a la facultad que llamamos la "mente", es decir, precisamente a ese "sentido interno" que es designado en sánscrito bajo el nombre de *manas*, y que es verdaderamente la característica de la individualidad humana[79]. Esta facultad es algo completamente especial, que,

---

[79] Ver *L'Homme et son devenir selon le Vêdânta*, cap. VIII.— Empleamos el término de "mente", preferiblemente a todo otro, porque su raíz es la misma que la del sánscrito manas, que se rencuentra en el latín *mens*, en el inglés *mind*, etc.; por lo demás, las numerosas aproximaciones lingüísticas que se pueden hacer fácilmente sobre esta raíz *man* o *men* y las diversas significaciones de las palabras que forma muestran bien que se trata de un elemento que se considera como

como lo hemos explicado ampliamente en otras ocasiones, debe distinguirse cuidadosamente del intelecto puro, puesto que, al contrario, en razón de su universalidad, éste debe considerarse como existiendo en todos los seres y en todos los estados, cualesquiera que puedan ser las modalidades a través de las cuales se manifiesta su existencia; y sería menester no ver en la "mente" otra cosa que lo que es verdaderamente, es decir, para emplear el lenguaje de los lógicos, una "diferencia especifica" pura y simple, sin que su posesión pueda entrañar por sí misma, para el hombre, ninguna superioridad efectiva sobre los demás seres. En efecto, no podría tratarse de una cuestión de superioridad o de inferioridad, para un ser considerado en relación a otros, sino en lo que este ser tiene de común con los otros seres y que implica una diferencia, no de naturaleza, sino solo de grados, mientras que la "mente" es precisamente lo que hay de especial en el hombre, lo que no le es común con los seres no humanos, y, por consiguiente, aquello respecto a lo cual no puede ser comparado con ellos de ninguna manera. Así pues, el ser humano podrá considerarse sin duda, en una cierta medida, como superior

---

esencialmente característico del ser humano, puesto que su designación sirve frecuentemente también para nombrar a éste, lo que implica que este ser está suficientemente definido por la presencia del elemento en cuestión (cf. *ibid.*, cap. I).

o inferior a otros seres desde tal o cual otro punto de vista (superioridad o inferioridad por otra parte siempre relativas, bien entendido); pero la consideración de la "mente", desde que se la hace entrar como "diferencia" en la definición del ser humano, jamás podrá proporcionar ningún punto de comparación.

Para expresar todavía la misma cosa en otros términos, podemos retomar simplemente la definición aristotélica y escolástica del hombre como "animal racional": si se le define así, y se considera al mismo tiempo la razón, o mejor dicho la "racionalidad", como siendo propiamente lo que los lógicos de la Edad Media llamaban una *differentia animalis*, es evidente que la presencia de ésta no puede constituir nada más que un simple carácter distintivo. En efecto, esta diferencia se aplica únicamente en el reino animal, para caracterizar la especie humana distinguiéndola esencialmente de todas las demás especies de este mismo género; pero no se aplica a los seres que no pertenecen a este género, de suerte que tales seres (como los ángeles por ejemplo) en ningún caso pueden llamarse "racionales", y esta distinción marca solo que su naturaleza es diferente de la del hombre, sin implicar para ellos, ciertamente, ninguna inferioridad con relación a éste[80]. Por otra parte, entiéndase bien que la definición que acabamos de recordar no se aplica al hombre sino en tanto que ser individual, ya que es solo como tal que puede considerarse como perteneciendo al género animal[81]; y es como ser individual que el hombre está en efecto caracterizado por la razón, o mejor por la "mente", haciendo entrar en este término más extenso la razón propiamente dicha, que es uno de sus aspectos, y sin duda el principal.

Cuando decimos, al hablar de la "mente" o de la razón, o, lo que equivale todavía casi a lo mismo, del pensamiento bajo su modo humano, que son facultades individuales, no hay que decir que por eso es menester entender, no facultades que serían propias a un individuo a exclusión de los otros, o que serían esencial y radicalmente diferentes en cada individuo (lo que sería por lo demás la misma cosa en el fondo, ya que no se podría decir entonces verdaderamente que son las mismas facultades, de suerte que no se trataría más que de una

---

[80] Veremos más adelante que los estados "angélicos" son propiamente los estados supraindividuales de la manifestación, es decir, aquellos que pertenecen al dominio de la manifestación informal.

[81] Recordamos que la especie es esencialmente del orden de la manifestación individual, que es estrictamente inmanente a un cierto grado definido de la Existencia universal, y que, por consiguiente, el ser no le está ligado más que en su estado correspondiente a ese grado.

asimilación puramente verbal), sino facultades que pertenecen a los individuos en tanto que tales, y que no tendrían ya ninguna razón de ser si se las quisiera considerar fuera de un cierto estado individual y de las consideraciones particulares que definen la existencia en ese estado. Es en este sentido como la razón, por ejemplo, es propiamente una facultad individual humana, ya que, si es verdad que la razón es en el fondo, en su esencia, común a todos los hombres (sin lo cual no podría servir evidentemente para definir la naturaleza humana), y que no difiere de un individuo a otro más que en su aplicación y en sus modalidades secundarias, por eso no pertenece menos a los hombres en tanto que individuos, y solo en tanto que individuos, puesto que es justamente característica de la individualidad humana; y es menester poner atención en que no es sino por una transposición puramente analógica que se puede considerar legítimamente en cierto modo su correspondencia en lo universal. Por consiguiente, e insistimos en ello para descartar toda confusión posible (confusión que las concepciones "racionalistas" del occidente moderno hacen todavía de las más fáciles), si se toma la palabra "razón" a la vez en un sentido universal y en un sentido individual, se debe tener siempre cuidado de observar que este doble empleo de un mismo término (que, en todo rigor, sería por lo demás preferible evitar) no es más que la indicación de una simple analogía, que expresa la refracción de un principio universal (que no es otro que *Buddhi*) en el orden mental humano[82]. No es sino en virtud de esta analogía, que no es a ningún grado una identificación, como se puede en un cierto sentido, y bajo la reserva precedente, llamar también "razón" a lo que, en lo universal, corresponde, por una transposición conveniente, a la razón humana, o, en otros términos, a aquello de lo cual ésta es la expresión, como traducción y manifestación, en modo individualizado[83]. Por lo demás, los principios fundamentales del conocimiento, incluso si se los considera como la expresión de una suerte de "razón universal", entendida en el sentido del *Logos* platónico y

---

[82] En el orden cósmico, la refracción correspondiente del mismo principio tiene su expresión en el *Manú* de la tradición hindú (Ver *Introduction générale à l'étude des doctrines hindoues*, 3ª parte, cap. V, y *L'Homme et son devenir selon le Vêdânta*, cap. IV).

[83] Según los filósofos escolásticos, una transposición de este género debe efectuarse cada vez que se pasa de los atributos de los seres creados a los atributos divinos, de tal suerte que no es sino analógicamente como los mismos términos pueden ser aplicados a los unos y a los otros, y simplemente para indicar que en Dios está el principio de todas las cualidades que se encuentran en el hombre o en todo otro ser, con la condición, bien entendido, de que se trate de cualidades realmente positivas, y no de aquellas que, no siendo más que la consecuencia de una privación o de una limitación, no tienen más que una existencia puramente negativa cualesquiera que sean por lo demás las apariencias, y que, por consiguiente, están desprovistas de principio.

alejandrino, por eso no rebasan menos, más allá de toda medida asignable, el dominio particular de la razón individual, que es exclusivamente una facultad de conocimiento distintivo y discursivo[84], a la cual se imponen como datos de orden transcendente que condicionan necesariamente toda actividad mental. Eso es evidente, por lo demás, desde que se observa que estos principios no presuponen ninguna existencia particular, sino que, al contrario, son supuestos lógicamente como premisas, al menos implícitas, de toda afirmación verdadera de orden contingente. Puede decirse incluso que, en razón de su universalidad, estos principios, que dominan toda lógica posible, tienen al mismo tiempo, o más bien ante todo, un alcance que se extiende mucho más allá del dominio de la lógica, ya que ésta, al menos en su acepción habitual y filosófica[85], no es y no puede ser más que una aplicación, más

---

[84] El conocimiento discursivo, que se opone al conocimiento intuitivo, es en el fondo sinónimo de conocimiento indirecto y mediato; no es pues más que un conocimiento completamente relativo, y en cierto modo por reflejo o por participación; en razón de su carácter de exterioridad, que deja subsistir la dualidad del sujeto y del objeto, no podría encontrar en sí mismo la garantía de su verdad, sino que debe recibirla de principios que le rebasan y que son del orden del conocimiento intuitivo, es decir, puramente intelectual.

[85] Hacemos esta restricción porque la lógica, en las civilizaciones orientales tales como las de la India y de la China, presenta un carácter diferente, que hace de ella un "punto de vista" (*darshana*) de la doctrina total y una verdadera "ciencia

o menos consciente por lo demás, de los principios universales a las condiciones particulares del entendimiento humano individualizado[86].

Estas pocas precisiones, aunque se apartan un poco del tema principal de nuestro estudio, nos han parecido necesarias para hacer comprender bien en qué sentido decimos que la "mente" es una facultad o una propiedad del individuo como tal, y que esta propiedad representa el elemento esencialmente característico del estado humano. Es intencionadamente, por lo demás, que, cuando nos ocurre hablar de "facultades", dejamos a este término una acepción bastante vaga e indeterminada; así es susceptible de una aplicación más general, en casos en los que no habría ninguna ventaja en remplazarle por algún otro término más especial porque estuviera más netamente definido.

En lo que concierne a la distinción esencial de la "mente" con el intelecto puro, recordaremos solo esto: el intelecto, en el paso de lo universal a lo individual, produce la consciencia, pero ésta, que es del orden individual, no es modo alguno idéntica al principio intelectual mismo, aunque procede

---

tradicional" (ver *Introduction générale à l'étude des doctrines hindoues*, 3ª parte, cap. IX).

[86] Ver *Le Symbolisme de la Croix*, cap. XVII.

inmediatamente de él como resultante de la intersección de este principio con el dominio especial de algunas condiciones de existencia, por las cuales se define la individualidad considerada[87]. Por otra parte, es a la facultad mental, unida directamente a la consciencia, a quien pertenece en propiedad el pensamiento individual, que es de orden formal (y, según lo que acaba de decirse, en eso comprendemos tanto la razón como la memoria y la imaginación), y que no es en modo alguno inherente al intelecto transcendente (*Buddhi*), cuyas atribuciones son esencialmente informales[88]. Esto muestra claramente hasta que punto esta facultad mental es en realidad algo restringido y especializado, aunque, no obstante, es susceptible de desarrollar posibilidades indefinidas; por consiguiente, ella es a la vez mucho menos y mucho más de lo que querrían las concepciones demasiado simplificadas, hasta incluso "simplistas", que tienen curso entre los psicólogos occidentales[89].

---

[87] Esta intersección es, según lo que hemos expuesto en otra parte, la del "Rayo Celeste" con su plano de reflexión (ver *Le Symbolisme de la Croix*, cap. XXIV).

[88] Ver L'Homme et son devenir selon le Vêdânta, cap. VII y VIII.

[89] Es lo que hemos indicado ya más atrás sobre el tema de las posibilidades del "yo" y de su lugar en el ser total.

Capítulo IX

LA JERARQUÍA DE LAS FACULTADES INDIVIDUALES

La distinción profunda del intelecto y de la mente consiste esencialmente, como acabamos de decirlo, en que el primero es de orden universal, mientras que la segunda es de orden puramente individual; por consiguiente, no pueden aplicarse al mismo dominio ni a los mismos objetos, y hay lugar, a este respecto, a distinguir igualmente la idea informal del pensamiento formal, que no es más que su expresión mental, es decir, su traducción en modo individual. Aunque se ejerza simultáneamente, la actividad del ser, en estos dos órdenes diferentes que son el intelectual y el mental, puede llegar a disociarse hasta el punto de hacerlos completamente independientes uno del otro en cuanto a sus manifestaciones respectivas; pero no podemos señalar esto sino de pasada y sin insistir en ello, ya que todo desarrollo sobre este tema nos llevaría inevitablemente a salir del punto de vista estrictamente teórico al cual entendemos limitarnos al presente.

Por otra parte, el principio psíquico que caracteriza a la individualidad humana es de una naturaleza doble: además del elemento mental propiamente dicho, comprende igualmente el elemento sentimental o emotivo, que, evidentemente, depende también del dominio de la consciencia individual, pero que está aún más alejado del intelecto, y al mismo tiempo es más estrechamente dependiente de las condiciones orgánicas, y por consiguiente, está más próximo del mundo corporal o sensible. Esta nueva distinción, aunque establecida en el interior de lo que es propiamente individual, y por consiguiente menos fundamental que la precedente, sin embargo es mucho más profunda de lo que se podría creer a primera vista; y muchos errores o equivocaciones de la filosofía occidental, particularmente bajo su forma psicológica[90], provienen de que, a pesar de las apariencias, apenas la ignora menos, en el fondo, que la del intelecto y la mente, o de que, al menos, desconoce su alcance real. Además, la distinción, e incluso

---

[90] Empleamos esta expresión intencionalmente, porque algunos, en lugar de no dar a la psicología más que su lugar legítimo de ciencia especializada, pretenden hacer de ella el punto de partida y el fundamento de toda una pseudo-metafísica, que, bien entendido, carece de todo valor.

podríamos decir la separación de estas facultades, muestra que hay una verdadera multiplicidad de estados, o más precisamente de modalidades, en el individuo mismo, aunque éste, en su conjunto, no constituye más que un solo estado del ser total; la analogía de la parte y del todo se rencuentra aquí como por todas partes[91]. Así pues, se puede hablar de una jerarquía de los estados del ser total; solo que, si las facultades del individuo son indefinidas en su extensión posible, son en número definido, y el simple hecho de subdividirlas más o menos, por una disociación llevada más o menos lejos, no les agrega evidentemente ninguna potencialidad nueva, mientras que, como ya lo hemos dicho, los estados del ser son verdaderamente en multitud indefinida, y eso por su naturaleza misma, que (para los estados manifestados) es corresponder con todos los grados de la Existencia universal. Se podría decir que, en el orden individual, la distinción no se opera más que por división, y que, en el orden extraindividual, se opera al contrario por multiplicación; aquí como en todos los casos, la analogía se aplica pues en sentido inverso[92].

---

[91] Ver Le Symbolisme de la Croix, cap. II y III.
[92] Ver Le Symbolisme de la Croix, cap. II y XXIX.

No tenemos en modo alguno la intención de entrar aquí en el estudio especial y detallado de las diferentes facultades individuales y de sus funciones o atribuciones respectivas; este estudio tendría forzosamente un carácter más bien psicológico, al menos en tanto que nos atuviéramos a la teoría de estas facultades, que, por lo demás, basta nombrar para que sus objetos propios queden bastante claramente definidos por eso mismo, a condición, bien entendido, de permanecer en las generalidades, que son las únicas que nos importan actualmente. Como los análisis más o menos sutiles no son incumbencia de la metafísica, y como, por otra parte, son ordinariamente tanto más vanos cuanto más sutiles, los abandonamos de buena gana a los filósofos que hacen profesión de complacerse en ellos; por otro lado, nuestra intención presente no es tratar completamente la constitución del ser humano, que ya hemos expuesto en otra obra[93], lo que nos dispensa de desarrollos más amplios sobre estos puntos de importancia secundaria con relación al tema que nos ocupa ahora.

En suma, si hemos juzgado a propósito decir algunas palabras de la jerarquía de las facultades individuales, es solo porque permite darse cuenta mejor de lo que pueden ser los

---

[93] L'Homme et son devenir selon le Vêdânta.

estados múltiples, dando de ellos en cierto modo como una imagen reducida, comprendida en los límites de la posibilidad individual humana. Esta imagen no puede ser exacta, según su medida, más que si se tienen en cuenta las reservas que hemos formulado en lo que concierne a la aplicación de la analogía; por otra parte, como será tanto mejor cuanto menos restringida sea, conviene hacer entrar ahí, conjuntamente con la noción general de la jerarquía de las facultades, la consideración de los diversos prolongamientos de la individualidad de que hemos tenido la ocasión de hablar precedentemente. Por lo demás, estos prolongamientos, que son de diferentes órdenes, pueden entrar igualmente en las subdivisiones de la jerarquía general; los hay que, siendo en cierto modo de naturaleza orgánica como lo hemos dicho, se vinculan simplemente al orden corporal, pero a condición de ver, incluso aquí, algo de psíquico, puesto que esta manifestación corporal está como envuelta y penetrada a la vez por la manifestación sutil, en la cual tiene su principio inmediato. En verdad, no hay lugar a separar el orden corporal de los demás órdenes individuales (es decir, de las demás modalidades pertenecientes al mismo estado individual considerado en la integralidad de su extensión) mucho más profundamente de lo que éstos deben ser separados entre ellos, puesto que el orden corporal se sitúa con ellos a un mismo nivel en el conjunto de la Existencia universal, y por consiguiente en la totalidad de los estados del ser; pero, mientras que las demás distinciones eran desdeñadas y olvidadas, ésta tomaba una importancia exagerada en razón del dualismo "espíritu-materia" cuya concepción ha prevalecido, por causas diversas, en las tendencias filosóficas de todo el occidente moderno[94].

---

[94] Ver *Introduction générale à l'étude des doctrines hindoues*, 2ª parte, cap. VIII, y *L'Homme et son devenir selon le Vêdânta*, cap. V.— Como ya lo hemos indicado, es a Descartes a quien es menester hacer remontar principalmente el origen y la responsabilidad de este dualismo, aunque sea menester reconocer también que sus concepciones deben su éxito a que no eran en suma más que la expresión sistematizada de tendencias pre-existentes, las mismas que son propiamente características del espíritu moderno (Ver *La Crise du Monde moderne*, pp. 70-73, edic. francesa).

Capítulo X

Los confines de lo indefinido

Aunque hayamos hablado de una jerarquía de las facultades individuales, importa no perder de vista jamás que están todas comprendidas en la extensión de un único y mismo estado del ser total, es decir, en un plano horizontal de la representación geométrica del ser, tal como lo hemos expuesto en nuestro precedente estudio, mientras que la jerarquía de los diferentes estados está marcada por su superposición según la dirección del eje vertical de la misma representación. Así pues, la primera de estas dos jerarquías no ocupa, hablando propiamente, ningún lugar en la segunda, puesto que su conjunto se reduce en ella a un solo punto (el punto de encuentro del eje vertical con el plano que corresponde al estado considerado); en otros términos, la diferencia de las modalidades individuales, que no se refieren más que al sentido de la "amplitud", es rigurosamente nula según el sentido de la "exaltación"⁹⁵.

Por otra parte, es menester no olvidar que la "amplitud", en la expansión integral del ser, es tan indefinida como la "exaltación"; y es eso lo que nos permite hablar de la indefinidad de las posibilidades de cada estado, pero, bien entendido, sin que esta indefinidad deba interpretarse en modo alguno como suponiendo una ausencia de límites. Ya nos hemos explicado suficientemente sobre esto al establecer la distinción del Infinito y de lo indefinido, pero podemos hacer intervenir aquí una figuración geométrica de la que todavía no hemos hablado: en un plano horizontal cualquiera, los confines de lo indefinido están marcados por el círculo límite al cual algunos matemáticos han dado la denominación, por lo demás absurda, de "recta del infinito"⁹⁶, y este círculo no está cerrado en ninguno de sus puntos, puesto que es un círculo máximo (sección por un plano

---

⁹⁵ Sobre la significación de estos términos tomados al esoterismo islámico, ver *Le Symbolisme de la Croix*, cap. III.

⁹⁶ Esta denominación viene de que un círculo cuyo radio crece indefinidamente tiene por límite una recta; y, en geometría analítica, la ecuación del círculo límite de que se trata, y que es el lugar de todos los puntos del plano indefinidamente alejados del centro (origen de las coordenadas), se reduce efectivamente a una ecuación del primer grado como la de una recta.

diametral) del esferoide indefinido cuyo despliegue comprende la integralidad de la extensión, que representa la totalidad del ser[97]. Si consideramos ahora, en su plano, las modificaciones individuales partidas de un ciclo cualquiera exterior al centro (es decir, sin identificación con éste según el radio centrípeto) y propagándose indefinidamente en modo vibratorio, su llegada al círculo límite (según el radio centrífugo) corresponde a su máximo de dispersión, pero, al mismo tiempo, es necesariamente el punto de detención de su movimiento centrífugo. Este movimiento, indefinido en todos los sentidos, representa la multiplicidad de los puntos de vista parciales, fuera de la unidad del punto de vista central, del cual, no obstante, proceden todos como los radios emanados del centro común, y que constituye así su unidad esencial y fundamental, aunque no actualmente realizada en relación a su vía de exteriorización gradual, contingente y multiforme, en la indefinidad de la manifestación.

Hablamos aquí de exteriorización colocándonos en el punto de vista de la manifestación misma; pero no debe olvidarse que toda exteriorización, como tal, es esencialmente ilusoria, puesto que, como lo hemos dicho más atrás, la multiplicidad, que está contenida en la unidad sin que ésta

---

[97] Ver Le Symbolisme de la Croix, cap. XX.

sea afectada por ello, no puede salir nunca de ella realmente, lo que implicaría una "alteración" (en el sentido etimológico) en contraste con la inmutabilidad principial[98]. Así pues, los puntos de vista parciales, en multitud indefinida, que son todas las modalidades de un ser en cada uno de sus estados, no son en suma más que aspectos fragmentarios del punto de vista central (fragmentación por lo demás completamente ilusoria también, puesto que éste es esencialmente indivisible en realidad por eso mismo de que la unidad es sin partes), y su "reintegración" en la unidad de este punto de vista central y principial no es propiamente más que una "integración" en el sentido matemático de este término, es decir, no podría expresar que, en un momento cualquiera, los elementos hayan podido estar verdaderamente separados de su suma, o ser considerados así, de otro modo que por una simple abstracción. Es verdad que esta abstracción no siempre se efectúa conscientemente, porque es una consecuencia necesaria de la restricción de las facultades individuales bajo tal o cual de sus modalidades especiales, modalidad que es la única actualmente realizada por el ser que se coloca bajo uno

---

[98] Sobre la distinción de lo "interior" y de lo "exterior" y los límites en los que esta distinción es válida, ver *Le Symbolisme de la Croix*, cap. XXIX.

u otro de esos puntos de vista parciales de los que se trata aquí.

Estas pocas precisiones pueden ayudar a hacer comprender de qué manera es menester considerar los confines de lo indefinido, y cómo su realización es un factor importante de la unificación efectiva del ser[99]. Por lo demás, conviene reconocer que su concepción, incluso simplemente teórica, no carece de alguna dificultad, y ello debe ser normalmente así, puesto que lo indefinido es precisamente aquello cuyos límites se alejan hasta que los perdemos de vista, es decir, hasta que escapan al alcance de nuestras facultades, al menos en el ejercicio ordinario de éstas; pero, puesto que estas facultades mismas son susceptibles de una extensión indefinida, no es en virtud de su naturaleza como lo indefinido las rebasa, sino solo en virtud de una limitación de hecho debida al grado de desarrollo presente de la mayoría de los seres humanos, de suerte que no hay en esta concepción ninguna imposibilidad, y de suerte que, por lo demás, tampoco nos hace salir del orden de las posibilidades individuales. Sea como fuere, para aportar a este respecto

---

[99] Esto debe relacionarse con lo que hemos dicho en otra parte, a saber, que es en la plenitud de la expansión donde se obtiene la perfecta homogeneidad, del mismo modo que, inversamente, la extrema distinción no es realizable más que en la extrema universalidad (*Le Symbolisme de la Croix*, cap. XX).

mayores precisiones, sería menester considerar más particularmente, a título de ejemplo, las condiciones especiales de un cierto estado de existencia, o, para hablar más rigurosamente, de una cierta modalidad definida, tal como la que constituye la existencia corporal, lo que no podemos hacer en los límites de la presente exposición; así pues, sobre esta cuestión todavía, nos remitiremos, como ya hemos debido hacerlo en diversas ocasiones, al estudio que nos proponemos consagrar enteramente a este tema de las condiciones de la existencia corporal.

Capítulo XI

PRINCIPIOS DE DISTINCION ENTRE LOS ESTADOS DE SER

Hasta aquí, en lo que concierne más especialmente al ser humano, hemos considerado sobre todo la extensión de la posibilidad individual, única que constituye por lo demás el estado propiamente humano; pero el ser que posee este estado posee también, al menos virtualmente, todos los demás estados, sin los cuales no podría tratarse del ser total. Si se consideran todos estos estados en sus relaciones con el estado individual humano, pueden clasificarse en "prehumanos" y "posthumanos", pero sin que el empleo de estos términos deba sugerir de ningún modo la idea de una sucesión temporal; aquí no puede tratarse de "antes" y de "después" sino de una manera completamente simbólica[100], y no se trata

---

[100] Ver *L'Homme et son devenir selon le Vêdânta*, cap. XVII.— Este simbolismo temporal es por lo demás de un empleo constante en la teoría de los ciclos, ya sea aplicada al conjunto de los seres o de cada uno de ellos en particular; los ciclos

más que de un orden de consecuencia puramente lógico, o más bien lógico y ontológico, en los diversos ciclos del desarrollo del ser, puesto que, metafísicamente, es decir, desde el punto de vista principial, todos estos ciclos son esencialmente simultáneos, y puesto que no pueden devenir sucesivos sino accidentalmente en cierto modo, al considerar algunas condiciones especiales de manifestación. Insistimos una vez más sobre este punto, a saber, que la condición temporal, por generalizada que se suponga su concepción, no es aplicable más que a algunos ciclos o a algunos estados particulares como el estado humano, o incluso a algunas modalidades de esos estados, como la modalidad corporal (algunos de los prolongamientos de la individualidad humana pueden escapar al tiempo, sin salir por eso del orden de las posibilidades individuales), y que no puede intervenir a ningún título en la totalización del ser[101]. Por lo demás, es

---

cósmicos no son otra cosa que los estados o grados de la Existencia universal, o sus modalidades secundarias cuando se trata de ciclos subordinados y más restringidos, que presentan por lo demás fases correspondientes a los ciclos más extensos en los cuales se integran, en virtud de esta analogía de la parte y del todo de la que ya hemos hablado.

[101] Eso es verdad, no solo del tiempo, sino incluso de la "duración" considerada, según algunas concepciones, como comprendiendo, además del tiempo, todos los demás modos posibles de sucesión, es decir, todas las condiciones que, en otros estados de existencia, pueden corresponder analógicamente a lo que es el tiempo en el estado humano (ver *Le Symbolisme de la Croix*, cap. XXX).

exactamente lo mismo para la condición espacial o para no importa cuál otra de las condiciones a las que estamos actualmente sometidos en tanto que seres individuales, e igualmente para aquellas a las que están sometidos así mismo todos los demás estados de manifestación comprendidos en la integralidad del dominio de la Existencia universal.

Es ciertamente legítimo establecer, como acabamos de indicarlo, una distinción en el conjunto de los estados del ser refiriéndolos al estado humano, ya se les diga lógicamente anteriores o posteriores, o también superiores o inferiores a éste, y hemos dado desde el comienzo las razones que justifican una tal distinción; pero, a decir verdad, ese no es más que un punto de vista muy particular, y el hecho de que actualmente sea el nuestro no debe hacernos ilusión a este respecto; así, en todos los casos en los cuales no es indispensable colocarse en ese punto de vista, vale más recurrir a un principio de distinción que sea de un orden más general y que presente un carácter más fundamental, sin olvidar jamás, por otra parte, que toda distinción es forzosamente algo contingente. La distinción más principal de todas, si puede decirse, y la que es susceptible de la aplicación más universal, es la de los estados de manifestación y de los estados de no manifestación, que hemos planteado efectivamente antes de toda otra, desde el comienzo del presente estudio, porque es de una importancia capital para todo el conjunto de la teoría de los estados múltiples. No obstante, puede ocurrir que haya lugar a considerar a veces otra distinción de un alcance más restringido, como la que podrá establecerse, por ejemplo, refiriéndose, no ya a la manifestación universal en su integralidad, sino simplemente a una cualquiera de las condiciones generales o especiales de existencia que nos son conocidas: se dividirán entonces los estados del ser en dos categorías, según que estén o no estén sometidos a la condición de que se trata, y, en todos los casos, los estados de no manifestación, puesto que son incondicionados, entrarán necesariamente en la segunda de esas categorías, aquella cuya determinación es puramente negativa. Por consiguiente, aquí tendremos, por una parte, los estados que están comprendidos en el interior de un cierto dominio determinado, por lo demás más o menos extenso, y, por otra, todo el resto, es decir, todos los estados que están fuera de ese mismo dominio; así pues, hay una cierta asimetría y como una desproporción entre estas dos categorías, de las cuales únicamente la primera está delimitada en realidad, y eso cualquiera que sea el elemento característico que sirve para determinarlas[102]. Para tener de esto una representación geométrica, dada una curva cualquiera trazada en un plano, se puede considerar esta curva como partiendo el plano todo entero en dos regiones: una situada en el interior de la curva, que la envuelve y la delimita, y la otra extendiéndose a todo lo que está en el exterior de la misma curva; la primera de estas dos regiones está definida, mientras que la segunda es indefinida: las mismas consideraciones se aplican a una superficie cerrada en la extensión de tres dimensiones, que hemos tomado para simbolizar la totalidad del ser; pero importa destacar que, en este caso también, una de las regiones está estrictamente definida (aunque, por lo demás, comprenda siempre una indefinidad de puntos) desde que la superficie es cerrada, mientras que, en la división de los estados del ser, la categoría que es susceptible de una determinación positiva, y por consiguiente, de una delimitación efectiva, por eso no conlleva menos, por restringida que pueda suponérsela, con relación al conjunto, posibilidades de desarrollo indefinido. Para obviar esta imperfección de la representación geométrica, basta levantar la restricción que nos hemos impuesto al considerar una superficie cerrada, con la

---

[102] Ver L'Homme et son devenir selon le Vêdânta, cap. II.

exclusión de una superficie no cerrada: en efecto, al ir hasta los confines de lo indefinido, una línea o una superficie, cualquiera que sea, es siempre reductible a una curva o a una superficie cerrada[103], de suerte que se puede decir que parte el plano o la extensión en dos regiones, que pueden ser entonces la una y la otra indefinidas en extensión, y de las cuales, no obstante, una sola, como precedentemente, está condicionada por una determinación positiva que resulta de las propiedades de la curva o de la superficie considerada.

En el caso donde se establece una distinción refiriendo el conjunto de los estados a uno cualquiera de entre ellos, ya sea el estado humano o todo otro, el principio determinante es de un orden diferente del que acabamos de indicar, pues ya no puede reducirse pura y simplemente a la afirmación y a la negación de una cierta condición[104]. Geométricamente, es menester considerar entonces la extensión como partida en dos por el plano que representa al estado tomado como base

---

[103] Es así, por ejemplo, como la recta es reductible a una circunferencia y el plano a una esfera, como límites de la una y de la otra cuando se supone que sus radios crecen indefinidamente.

[104] Entiéndase bien, por lo demás, que es la negación de una condición, es decir, de una determinación o de una limitación, la que tiene un carácter positivo desde el punto de vista de la realidad absoluta, así como lo hemos explicado a propósito del empleo de los términos de forma negativa.

o como término de comparación; lo que está situado por una parte y por otra de lo que somos llevados a considerar así, representa entonces una suerte de simetría o de equivalencia que no tenía en el caso precedente. Esta distinción es la misma que hemos expuesto en otra parte, bajo su forma más general, a propósito de la teoría hindú de los tres *gunas*[105]: el plano que sirve de base es indeterminado en principio, y puede ser el que representa un estado condicionado cualquiera, de suerte que no es sino secundariamente que se le determina como representando el estado humano, cuando uno quiere colocarse desde el punto de vista de este estado especial.

Por otra parte, puede haber ventaja, particularmente para facilitar las aplicaciones correctas de la analogía, en extender esta última representación a todos los casos, incluso a aquellos a los cuales no parece convenir directamente según las consideraciones precedentes. Para obtener este resultado, no hay, evidentemente, más que figurar como un plano de base aquello por lo cual se determina la distinción que se establece así, cualquiera que sea su principio: la parte de la extensión que está situada por debajo de este plano podrá representar lo que está sometido a la determinación considerada, y la que está situada por encima representará entonces lo que no está

---

[105] Le Symbolisme de la Croix, cap. V.

sometido a esta misma determinación. El único inconveniente de una tal representación es que en ella las dos regiones de la extensión parecen ser igualmente indefinidas, y de la misma manera; pero se puede destruir esta simetría considerando su plano de separación como el límite de una esfera cuyo centro está indefinidamente alejado según la dirección descendente, lo que nos conduce en realidad al primer modo de representación, pues en eso no hay más que un caso particular de esa reducción a una superficie cerrada a la cual hacíamos alusión hace un momento. En suma, basta atender a que la apariencia de simetría, en parecido caso, no se debe más que a una cierta imperfección del símbolo empleado; y, por lo demás, siempre se puede pasar de una representación a otra cuando se encuentra en ello una comodidad mayor o alguna ventaja de otro orden, puesto que, en razón misma de esta imperfección inevitable por la naturaleza de las cosas como hemos tenido frecuentemente la ocasión de hacerlo observar, una sola representación es generalmente insuficiente para dar cuenta integralmente (o al menos sin otra reserva que lo inexpresable) de una concepción del orden de lo que aquí se trata.

Aunque, de una manera o de otra, se dividan los estados de ser en dos categorías, no hay que decir que en eso no hay ningún rastro de un dualismo cualquiera, ya que esta división se hace por medio de un principio único, tal como una cierta condición de existencia, y no hay así en realidad más que una sola determinación, que se considera a la vez positiva y negativamente. Por lo demás, para rechazar toda sospecha de dualismo, por injustificada que sea, basta hacer observar que todas estas distinciones, lejos de ser irreductibles, no existen más que desde el punto de vista completamente relativo donde se establecen, y que no adquieren esta existencia contingente, la única de la que son susceptibles, sino en la medida en que se la damos nosotros mismos por nuestra concepción. El punto de vista de la manifestación toda entera, aunque evidentemente más universal que los otros, es también completamente relativo como ellos, puesto que la manifestación misma es puramente contingente; por consiguiente, esto se aplica incluso a la distinción que hemos considerado como la más fundamental y la más próxima del orden principial, es decir, la de los estados de manifestación y los estados de no manifestación, como ya hemos tenido por lo demás cuidado de indicarlo al hablar del Ser y del No Ser.

Capítulo XII

Los dos caos

Entre las distinciones que, según lo que hemos expuesto en el capítulo precedente, se fundan sobre la consideración de una condición de existencia, una de las más importantes, y sin duda podríamos decir incluso que la más importante de todas, es la de los estados formales y de los estados informales, porque no es otra cosa, metafísicamente, que uno de los aspectos de la distinción de lo individual y de lo universal, si consideramos esto último como comprendiendo a la vez la no manifestación y la manifestación informal, así como lo hemos explicado en otra parte[106]. En efecto, la forma es una condición particular de algunos modos de la manifestación, y, en virtud de esto, la forma es, concretamente, una de las condiciones de la existencia en el estado humano; pero, al mismo tiempo, es propiamente, de una manera general, el modo de limitación que caracteriza la existencia individual, el que puede servirle

---

[106] L'Homme et son devenir selon le Vêdânta, cap. II.

en cierto modo de definición. Debe entenderse bien, por lo demás, que esta forma no está necesariamente determinada como espacial y temporal, así como lo está en el caso especial de la modalidad corporal humana; no puede estarlo en modo alguno en los estados no humanos, que no están sometidos al espacio ni al tiempo, sino a condiciones muy diferentes[107].

Así, la forma es una condición común, no a todos los modos de manifestación, pero sí al menos a todos sus modos individuales, que se diferencian entre ellos por la agregación de tales o cuales otras condiciones más particulares; lo que hace la naturaleza propia del individuo como tal, es que está revestido de una forma, y todo lo que es de su dominio, como el pensamiento individual en el hombre, es igualmente

---

[107] Ver *L'Homme et son devenir selon le Vêdânta*, XIX, y también *Le Symbolisme de la Croix*, cap. I.— "La forma, geométricamente hablando, es el contorno: es la apariencia del límite" (Matgioi, *La Vía Metafísica*, p. 85). Podría definírsela como un conjunto de tendencias en dirección, por analogía con la ecuación tangencial de una curva; no hay que decir que esta concepción de base geométrica, es transponible al orden cualitativo. Señalamos también que se pueden hacer intervenir estas consideraciones en lo que concierne a los elementos no individualizados (pero no supraindividuales) del "mundo intermediario", a los cuales la tradición extremo oriental da la denominación genérica de "influencias errantes", y a su posibilidad de individualización temporal y fugitiva, en determinación de dirección, por la entrada en relación con una consciencia humana (Ver *L'Erreur spirite*, pp. 119-123, ed. francesa).

formal[108]. La distinción que acabamos de recordar es pues, en el fondo, la de los estados individuales y de los estados no individuales (o supraindividuales), de los que los primeros comprenden en su conjunto todas las posibilidades formales y los segundos todas las posibilidades informales.

El conjunto de las posibilidades formales y el de las posibilidades informales son lo que las diferentes doctrinas tradicionales simbolizan respectivamente por las "Aguas inferiores" y las "Aguas superiores"[109]; las Aguas de una manera general y en el sentido más extenso, representan la Posibilidad, entendida como la "perfección pasiva"[110], o el principio universal que, en el Ser, se determina como la "substancia" (aspecto potencial del Ser); en este último caso, ya no se trata más que de la totalidad de las posibilidades de manifestación, puesto que las posibilidades de no manifestación están más allá del Ser[111]. La "superficie de las Aguas", o su plano de separación, que hemos descrito en otra

---

[108] Sin duda es de esta manera como es menester entender lo que dice Aristóteles de que "el hombre (en tanto que individuo) jamás piensa sin imágenes", es decir, sin formas.

[109] La separación de las Aguas, bajo el punto de vista cosmogónico, se encuentra descrita concretamente al comienzo del *Génesis* (I, 6-7).

[110] Ver Le Symbolisme de la Croix, cap. XXIII.

[111] Ver L'Homme et son devenir selon le Vêdânta, cap. V.

parte como el plano de reflexión del "Rayo Celeste"[112], marca por consiguiente el estado en el que se opera el paso de lo individual a lo universal, y el símbolo bien conocido de "caminar sobre las Aguas" figura la liberación de la forma, o la liberación de la condición individual[113]. El ser que ha llegado al estado que corresponde para él a la "superficie de las Aguas", pero sin elevarse todavía por encima de éste, se encuentra como suspendido entre dos caos, en los que, primeramente, todo es confusión y obscuridad (*tamas*), hasta el momento en el que se produce la iluminación que determina su organización armónica en el paso de la potencia al acto, y por la cual se opera, como por el *Fiat Lux*

---

[112] Ver *Le Symbolisme de la Croix*, cap. XXIV.— Es también, en el simbolismo hindú, el plano según el cual el *Brahmânda* o "Huevo del Mundo", en cuyo centro del cual reside *Hiranyagarbha* o "Germen de Oro", se divide en dos mitades; este "Huevo del Mundo" es por lo demás representado frecuentemente como flotando en la superficie de las Aguas primordiales (ver *L'Homme et son devenir selon le Vêdânta*, cap. V y XIII).

[113] *Nârâyana*, que es uno de los nombres de *Vishnu* en la tradición hindú, significa literalmente "El que camina sobre las Aguas"; hay en eso una aproximación con la tradición evangélica que se impone por sí misma. Naturalmente, aquí como por todas partes, la significación simbólica no menoscaba en nada el carácter histórico que tiene en el segundo caso el hecho considerado, hecho que, por lo demás, es tanto menos contestable cuanto que su realización, que corresponde a la obtención de un cierto grado de iniciación efectiva, es mucho menos rara de lo que se supone de ordinario.

cosmogónico, la jerarquización que hará salir el orden del caos[114].

Esta consideración a los dos caos, que corresponde a lo formal y a lo informal, es indispensable para la comprehensión de un gran número de figuraciones simbólicas y tradicionales[115]; por eso es por lo que hemos tenido que mencionarla especialmente aquí. Por lo demás, aunque ya hayamos tratado esta cuestión en nuestro precedente estudio, se vinculaba muy directamente con nuestro tema presente como para que no nos fuera posible recordarla al menos brevemente.

---

[114] Ver Le Symbolisme de la Croix, XXIV y XXVII.

[115] Cf. concretamente el simbolismo extremo oriental del Dragón, que corresponde de una cierta manera a la concepción teológica occidental del Verbo como "el lugar de los posibles" (Ver *L'Homme et son devenir selon le Vêdânta*, cap. XVI).

Capítulo XIII

LAS JERARQUÍAS ESPIRITUALES

La jerarquización de los estados múltiples en la realización efectiva del ser total es la única que permite comprender cómo es menester considerar, desde el punto de vista metafísico puro, lo que se llama bastante generalmente las "jerarquías espirituales". Bajo este nombre, se entienden de ordinario unas jerarquías de seres diferentes del hombre y diferentes entre ellos, como si cada grado estuviera ocupado por unos seres especiales, limitados respectivamente a los estados correspondientes; pero la concepción de los estados múltiples nos dispensa manifiestamente de colocarnos bajo ese punto de vista, que puede ser muy legítimo para la teología o para otras ciencias o especulaciones particulares, pero que no tiene nada de metafísico. En el fondo, nos importa poco en sí misma la existencia de seres extrahumanos y suprahumanos, que, ciertamente, pueden ser de una indefinidad de tipos, cualesquiera que sean por lo demás las denominaciones por las cuales se designe; si tenemos toda la razón para admitir esta existencia, aunque no sea sino porque vemos también seres no humanos en el mundo que nos rodea y porque, por consiguiente, debe haber en los demás estados seres que no pasan por la manifestación humana (aunque no se tratara más que de los que son representados en éste por esas individualidades no humanas), no tenemos, sin embargo, ningún motivo para ocuparnos de ellos especialmente, como tampoco de los seres infrahumanos, que existen igualmente y que se podrían considerar de la misma manera. Nadie piensa en hacer de la clasificación detallada de los seres no humanos del mundo terrestre el objeto de un estudio metafísico o supuesto tal; uno no ve bien por qué la cosa sería de otro modo por el simple hecho que se trate de seres que existen en otros mundos, es decir, que ocupan otros estados, que, por superiores que puedan ser en relación al nuestro, por eso no forman menos parte, al mismo título, del dominio de la manifestación universal. Únicamente, es fácil comprender que los filósofos que han querido limitar el ser a un solo estado, considerando al hombre, en su individualidad más o menos extensa, como constituyendo un todo completo en sí mismo, si se han dedicado no obstante a pensar vagamente, por una razón cualquiera, que hay otros grados en la Existencia universal, no han podido hacer de esos grados más que los dominios de seres que nos sean totalmente extraños, salvo en lo que puede haber de común a todos los seres; y, al mismo tiempo, la tendencia antropomórfica les ha llevado frecuentemente, por otra parte, a exagerar la comunidad de naturaleza, prestando a esos seres facultades no simplemente análogas, sino similares o incluso idénticas a las que pertenecen en propiedad al hombre individual[116]. En realidad, los estados de que se trata son incomparablemente más diferentes del estado humano de lo que ningún filósofo del occidente moderno ha podido concebir jamás, ni siquiera de lejos; pero, a pesar de eso, esos mismos estados, cualesquiera que puedan ser por lo demás los seres que los ocupan actualmente, pueden ser realizados igualmente por todos los demás seres, comprendido el que es al mismo tiempo un ser humano en otro estado de manifestación, sin lo cual, como ya lo hemos dicho, no podría tratarse de la totalidad de ningún ser, puesto que, para ser efectiva, esta totalidad debe comprender necesariamente todos los estados, tanto de manifestación (formal e informal) como de no manifestación,

---

[116] Si los estados "angélicos" son los estados supraindividuales que constituyen la manifestación informal, uno no puede atribuir a los ángeles ninguna de las facultades que son de orden puramente individual; por ejemplo, como lo hemos dicho más atrás, no puede suponérseles dotados de razón, lo que es la característica exclusiva de la individualidad humana, y no pueden tener más que un modo de inteligencia puramente intuitivo.

cada uno según el modo en el que el ser considerado es capaz de realizarlo. Hemos hecho observar en otra parte que casi todo lo que se dice teológicamente de los ángeles puede decirse metafísicamente de los estados superiores del ser[117], del mismo modo que, en el simbolismo astrológico de la Edad Media, los "cielos", es decir, las diferentes esferas planetarias y estelares, representan esos mismos estados, y también los grados iniciáticos a los que corresponde su realización[118]; y, como los "cielos" y los "infiernos", los *Dêvas* y los *Asuras*, en la tradición hindú, representan respectivamente los estados superiores e inferiores en relación al estado humano[119]. Bien entendido, todo esto no excluye ninguno de los modos de realización que pueden ser propios a otros seres, de la misma manera que los hay que son propios al ser humano (en tanto que se toma su estado individual como punto de partida y como base de la realización); pero esos modos que nos son extraños no nos importan más de lo que nos importan todas las formas que jamás seremos llamados a realizar (como las formas animales, vegetales y minerales del mundo corporal), porque son realizadas así por otros seres en el orden de la

---

[117] *L'Homme et son devenir selon le Vêdânta*, cap. X.— El tratado *De Angelis* de santo Tomás de Aquino es particularmente característico a este respecto.

[118] Ver *L'Esotérisme de Dante*, pp. 10 y 58-61 (edic. francesa).

[119] Ver *Le Symbolisme de la Croix*, cap. XXV.

manifestación universal, cuya indefinidad excluye toda repetición[120].

De lo que acabamos de decir resulta que, por "jerarquías espirituales", no podemos entender propiamente nada más que el conjunto de los estados del ser que son superiores a la individualidad humana, y más precisamente de los estados informales o supraindividuales, estados que debemos considerar por lo demás como realizables para el ser a partir del estado humano, y eso mismo en el curso de su existencia corporal y terrestre. En efecto, esta realización está esencialmente implícita en la totalización del ser, y por consiguiente, en la "Liberación" (*Moksha* o *Mukti*), por la que el ser se libera de los lazos de toda condición especial de existencia, y que, no siendo susceptible de diferentes grados, es tan completa y tan perfecta cuando se obtiene como "liberación en vida" (*jîvan-mukti*) como cuando es "liberación fuera de la forma" (*vidêha-mukti*), así como hemos tenido la ocasión de exponerlo en otra parte[121]. Así, no puede haber ningún grado espiritual que sea superior al del *Yogî*, ya que éste, habiendo llegado a esta "Liberación", que es al mismo tiempo la "Unión" (*Yoga*) o la "Identidad

---

[120] Ver Le Symbolisme de la Croix, cap. XV.

[121] Ver L'Homme et son devenir selon le Vêdânta, cap. XXIII.

Suprema", ya no tiene nada más que obtener ulteriormente; pero, si la meta a alcanzar es la misma para todos los seres, entiéndase bien que cada uno la alcanza según su "vía personal", y, por consiguiente, por modalidades susceptibles de variaciones indefinidas. Así pues, se comprende que haya, en el curso de esta realización, etapas múltiples y diversas, que pueden ser recorridas, por los demás, sucesiva o simultáneamente según los casos, y que, refiriéndose todavía a estados determinados, no deben confundirse en modo alguno con la liberación total que es su fin o su conclusión suprema[122]: son grados que se pueden considerar en las "jerarquías espirituales", cualquiera que sea por lo demás la clasificación más o menos general que se establezca, si hay lugar a ello, en la indefinición de sus modalidades posibles, y que dependerá naturalmente del punto de vista en el que uno entienda colocarse más particularmente[123].

Aquí hay que hacer una precisión esencial: los grados de que hablamos, que representan estados que son todavía

---

[122] Ver L'Homme et son devenir selon le Vêdânta, cap. XXI y X.XII.

[123] Estas "jerarquías espirituales", en tanto que los diversos estados que implican son realizados por la obtención de otros tantos grados iniciáticos efectivos, corresponden a lo que el esoterismo islámico llama las "categorías de la iniciación" (*Tartîbut-taçawwuf*); sobre este punto, señalaremos especialmente el tratado de Mohyiddin ibn Arabi que lleva precisamente ese título.

contingentes y condicionados, no importan metafísicamente por sí mismos, sino solo en vistas de la meta única a la que tienden todos, precisamente en tanto que se les considera como grados, y de la que constituyen solo como una preparación. Por lo demás, no hay ninguna medida común entre un estado particular cualquiera, por elevado que pueda ser, y el estado total e incondicionado; y es menester no perder de vista jamás que, puesto que al respecto del Infinito la manifestación toda entera es rigurosamente nula, las diferencias entre los estados que forman parte de ella deben evidentemente serlo también, por considerables que sean en sí mismas y en tanto que se consideren solo los diversos estados condicionados que ellas separan los unos de los otros. Si el paso a algunos estados superiores constituye de alguna manera, relativamente al estado tomado como punto de partida, una suerte de encaminamiento hacia la "Liberación", no obstante debe entenderse bien que ésta, cuando se realice, implicará siempre una discontinuidad en relación al estado en el que se encuentre actualmente el ser que la obtenga, y que, cualquiera que sea ese estado, esta discontinuidad no será ni más ni menos profunda, puesto que, en todos los casos, no hay, entre el estado del ser "no liberado" y el del ser "liberado", ninguna relación como la que existe entre diferentes estados condicionados[124].

En razón misma de la equivalencia de todos los estados frente a lo Absoluto, desde que se alcanza la meta final en uno u otro de los grados de que se trata, el ser no tiene ninguna necesidad de haberlos recorrido todos preliminarmente, y por lo demás los posee a todos desde entonces "por añadidura", por así decir, puesto que son elementos integrantes de su totalización. Por otra parte, el ser que posee así todos los estados podrá siempre evidentemente, si hay lugar a ello, ser considerado más particularmente en relación a uno cualquiera de esos estados y como si estuviera "situado" efectivamente en él, aunque esté verdaderamente más allá de todos los estados y aunque los contenga a todos en sí mismo, lejos de poder estar contenido en ninguno de ellos. Se podría decir que, en parecido caso, esos estados serán simplemente aspectos diversos que constituirán en cierto modo otras tantas "funciones" de ese ser, sin que él sea afectado en modo alguno por sus condiciones, que no existen ya para él sino en modo ilusorio, puesto que, en tanto que él es verdaderamente "sí mismo", su estado es esencialmente incondicionado. Es así como la apariencia formal, incluso corporal, puede subsistir

---

[124] Ver L'Homme et son devenir selon le Vêdânta, cap. XX.

para el ser que está "liberado en vida" (*jîvan-mukta*), y que, "durante su residencia en el cuerpo, no es afectado por sus propiedades, como el firmamento no es afectado por lo que flota en su seno"[125]; e igualmente permanece "no afectado" por todas las demás contingencias, cualquiera que sea el estado, individual o supraindividual, es decir, formal o informal, al cual se refieran en el orden de la manifestación, orden que, en el fondo, no es, él mismo, más que la suma de todas las contingencias.

---

[125] Atmâ-Bhoda de Shankarâchârya (Ver L'Homme et son devenir selon le Vêdânta, XXIII).

Capítulo XIV

Respuesta a las objeciones sacadas de la pluralidad de los seres

En lo que precede, hay un punto que podría prestarse todavía a una objeción, aunque, a decir verdad, ya le hayamos respondido en parte, al menos implícitamente, por lo que acabamos de exponer a propósito de las "jerarquías espirituales". Esta objeción es la siguiente: ¿puesto que existe una indefinidad de modalidades que son realizadas por seres diferentes, ¿es verdaderamente legítimo hablar de totalidad para cada ser? Se¹ puede responder a eso, primero, haciendo destacar que la objeción así planteada no se aplica evidentemente más que a los estados manifestados, puesto que, en lo no manifestado, no podría tratarse de ninguna especie de distinción real, de tal suerte que, bajo el punto de vista de esos estados de no manifestación, lo que pertenece a un ser pertenece igualmente a todos, en tanto que han realizado efectivamente esos estados. Ahora bien, si se considera desde este mismo punto de vista todo el conjunto de la manifestación, este conjunto, en razón de su contingencia, no constituye más que un simple "accidente" en el sentido propio de la palabra, y, por consiguiente, la importancia de tal o de cual de sus modalidades, considerada en sí misma y "distintivamente", es entonces rigurosamente nula. Además, como lo no manifestado contiene en principio todo lo que hace la realidad profunda y esencial de las cosas que existen bajo un modo cualquiera de la manifestación, es decir, eso sin lo cual lo manifestado no tendría más que una existencia puramente ilusoria, se puede decir que el ser que ha llegado efectivamente al estado de no manifestación posee por eso mismo todo el resto, y que lo posee verdaderamente "por añadidura", de la misma manera que, como lo decíamos en el capítulo precedente, posee todos los estado o grados intermediarios, incluso sin haberlos recorrido preliminar y distintamente.

Esta respuesta, en la que no consideramos más que el ser que ha llegado a la realización total, es plenamente suficiente bajo el punto de vista puramente metafísico, y es incluso la única que pueda ser verdaderamente suficiente, ya que, si no consideráramos el ser de esta manera, si nos colocáramos en otro caso diferente de éste, ya no habría lugar a hablar de totalidad, de suerte que la objeción misma ya no se aplicaría.

Lo que es menester decir, en suma, tanto aquí como cuando se trata de las objeciones que pueden plantearse en lo concerniente a la existencia de la multiplicidad, es que lo manifestado, considerado como tal, es decir, bajo el aspecto de la distinción que le condiciona, no es nada al respecto de lo no manifestado, ya que no puede haber ninguna medida común entre el uno y el otro; lo que es absolutamente real (y todo lo demás no es más que ilusorio, en el sentido de una realidad que no es más que derivada y como "participada") es, incluso para las posibilidades que conlleva la manifestación, el estado permanente e incondicionado bajo el cual estas posibilidades mismas pertenecen, principial y fundamentalmente, al orden de la no manifestación.

No obstante, aunque esto sea suficiente, trataremos todavía ahora otro aspecto de la cuestión, en el que consideraremos el ser como habiendo realizado, no ya la totalidad del "Sí mismo" incondicionado, sino solo la integralidad de un cierto estado. En este caso, la objeción precedente debe tomar una nueva forma: ¿cómo es posible considerar esta integralidad para un solo ser, cuando el estado de que se trata constituye un dominio que le es común con una indefinidad de otros seres, en tanto que éstos están igualmente sometidos a las condiciones que caracterizan y determinan ese estado o ese modo de existencia? No es ya la misma objeción, sino solo una objeción análoga, guardadas todas las proporciones entre los dos casos, y la respuesta debe ser también análoga: para el ser que ha llegado a colocarse efectivamente en el punto de vista central del estado considerado, lo que es la única manera posible de realizar su integralidad, todos los demás puntos de vista, más o menos particulares, ya no importan en tanto que se toman distintamente, puesto que los ha unificado a todos en ese punto de vista central; por consiguiente, es en la unidad de éste donde existen desde entonces para él, y ya no más fuera de esta unidad, puesto que la existencia de la multiplicidad fuera de la unidad es puramente ilusoria. El ser que ha realizado la integralidad de un estado se ha hecho a sí mismo el centro de ese estado, y, como tal, se puede decir que llena ese estado todo entero de su propia "irradiación"[126]: él se asimila todo lo que está contenido en ese estado, de manera de hacer de ello como otras tantas modalidades secundarias de sí mismo[127], casi comparables a lo que son las modalidades que se realizan en el estado de sueño, según lo que se ha dicho más atrás. Por consiguiente, este ser no es en modo alguno

---

[126] Ver L'Homme et son devenir selon le Vêdânta, cap. XVI.
[127] El símbolo del "alimento" (*anna*) se emplea frecuentemente en las *Upanishads* para designar una tal asimilación.

afectado, en su extensión, por la existencia que esas modalidades, o al menos algunas de entre ellas, pueden tener en otras partes fuera de sí mismo (y, por lo demás, esta expresión "fuera" no tiene ya ningún sentido desde su propio punto de vista, sino solo desde el punto de vista de los demás seres, que permanecen en la multiplicidad no unificada), en razón de la existencia simultánea de otros seres en el mismo estado; y, por otra parte, la existencia de esas mismas modalidades en sí mismo no afecta en nada a su unidad, incluso mientras no se trata más que de la unidad todavía relativa que es la realizada en el centro de un estado particular. Todo ese estado no está constituido sino por la irradiación de su centro[128], y todo ser que se coloca efectivamente en ese centro deviene igualmente, por eso mismo, señor de la integralidad de ese estado; es así como la indiferenciación principal de lo no manifestado, se refleja en lo manifestado, y debe entenderse bien, por lo demás, que este reflejo, al estar en lo manifestado, guarda siempre por eso mismo la relatividad que es inherente a toda existencia condicionada.

---

[128] Esto se ha explicado ampliamente en nuestro precedente estudio sobre *El Simbolismo de la Cruz*.

Establecido esto, se comprenderá sin esfuerzo que consideraciones análogas pueden aplicarse a las modalidades comprendidas, a títulos diversos, en una unidad todavía más relativa, como la de un ser que no ha realizado un cierto estado más que parcialmente, y no integralmente. Un tal ser, como el individuo humano por ejemplo, sin haber llegado todavía a su entera expansión en el sentido de la "amplitud" (que corresponde al grado de existencia en el que está situado), se ha asimilado no obstante, en una medida más o menos completa, todo aquello de lo que ha tomado verdaderamente consciencia en los límites de su extensión actual; y las modalidades accesorias que se ha agregado así, y que son evidentemente susceptibles de acrecentarse constante e indefinidamente, constituyen una parte muy importante de esos prolongamientos de la individualidad a los que ya hemos hecho alusión en diferentes ocasiones.

Capítulo XV

LA REALIZACIÓN DEL SER POR EL CONOCIMIENTO

Acabamos de decir que el ser se asimila más o menos completamente todo aquello de lo que toma consciencia; en efecto, no hay conocimiento verdadero, en cualquier dominio que sea, sino el que nos permite penetrar más o menos profundamente en la naturaleza íntima de las cosas, y los grados del conocimiento no pueden consistir, precisamente, sino en que esta penetración sea más o menos profunda y desemboque en una asimilación más o menos completa. En otros términos, no hay conocimiento verdadero sino en tanto que implica una identificación del sujeto con el objeto, o, si se prefiere considerar la relación en sentido inverso, una asimilación del objeto por el sujeto[129], y en la medida precisa en la que implica

---

[129] Debe entenderse bien que aquí tomamos los términos de "sujeto" y de "objeto" en su sentido más habitual, para designar respectivamente "el que conoce" y "lo que es conocido" (Ver *L'Homme et son devenir selon le Vêdânta*, cap. XV).

efectivamente una tal identificación o una tal asimilación, cuyos grados de realización constituyen, por consecuencia, los grados del conocimiento mismo[130]. Por consiguiente, a pesar de todas las discusiones filosóficas, por lo demás más o menos ociosas, a las que este punto ha podido dar lugar[131], debemos decir ahora que todo conocimiento verdadero y efectivo es inmediato, y que un conocimiento mediato no puede tener más que un valor puramente simbólico y representativo[132]. En cuanto a la posibilidad misma del conocimiento inmediato, la teoría toda entera de los estados múltiples la hace suficientemente comprehensible; por lo demás, querer ponerla en duda, es hacer prueba de una perfecta ignorancia al respecto de los principios metafísicos

---

[130] Ya hemos señalado en diferentes ocasiones que Aristóteles había planteado en principio la identificación por el conocimiento, pero que esta afirmación, en él y en sus continuadores escolásticos, parecía haber quedado puramente teórica, sin que jamás hayan sacado ninguna consecuencia de ella en lo que concierne a la realización metafísica (Ver concretamente *Introduction générale à l'étude des doctrines hindoues*, 2ª parte, cap. X y *L'Homme et son devenir selon le Vêdânta*, cap. XXIV).

[131] Hacemos alusión aquí a las modernas "teorías del conocimiento", sobre la vanidad de las cuales ya nos hemos explicado en otra parte (concretamente en *Introduction générale à l'étude des doctrines hindoues*, 2ª parte, cap. X); volveremos de nuevo sobre ello un poco más adelante.

[132] Esta diferencia es la del conocimiento intuitivo y del conocimiento discursivo, de la cual ya hemos hablado bastante frecuentemente como para que no sea necesario entretenernos en ella una vez más.

más elementales, puesto que, sin este conocimiento inmediato, la metafísica misma sería totalmente imposible[133].

Hemos hablado de identificación o de asimilación, y podemos emplear aquí estos dos términos casi indistintamente, aunque no se refieren exactamente a un mismo punto de vista; de la misma manera, se puede considerar el conocimiento como yendo a la vez del sujeto al objeto del que toma consciencia (o, más generalmente y para no limitarnos a las condiciones de algunos estados, del que hace una modalidad secundaria de sí mismo) y del objeto al sujeto que se le asimila, y a propósito de esto recordaremos la definición aristotélica del conocimiento, en el dominio sensible, como "el acto común del que se siente y de lo sentido", que implica efectivamente una tal reciprocidad en la relación[134]. Así, en lo que concierne a este dominio sensible o corporal, los órganos de los sentidos son, para el ser individual, las "entradas" del conocimiento[135]; pero, desde

---

[133] Ver Introduction générale à l'étude des doctrines hindoues, 2ª parte, cap. V.

[134] Se puede destacar también que el acto común a dos seres, según el sentido que Aristóteles da a la palabra "acto", es aquel por el cual sus naturalezas coinciden, y por el que, se identifican al menos parcialmente.

[135] Ver L'Homme et son devenir selon le Vêdânta, cap. XII; el simbolismo de las "bocas" de Vaishwânara se refiere a la analogía de la asimilación cognitiva con la asimilación nutritiva.

otro punto de vista, también son "salidas", debido precisamente a que todo conocimiento implica un acto de identificación que parte del sujeto que conoce para ir al hacia el objeto individual, como la emisión de una especie de prolongamiento exterior de sí mismo. Importa destacar, por lo demás, que un tal prolongamiento no es exterior sino en relación a la individualidad considerada en su noción más restringida, puesto que forma parte integrante de la individualidad extendida; el ser, al extenderse así por un desarrollo de sus propias posibilidades, no tiene que salir de ninguna manera de sí mismo, lo que, en realidad, no tendría ningún sentido, ya que un ser no puede, bajo ninguna condición, devenir otro que sí mismo. Esto responde directamente, al mismo tiempo, a la principal objeción de los filósofos occidentales modernos contra la posibilidad del conocimiento inmediato; con esto se ve claramente que lo que ha dado nacimiento a esta objeción no es nada más que una incomprehensión metafísica pura y simple, en razón de la cual esos filósofos han desconocido las posibilidades del ser, incluso individual, en su extensión indefinida.

Todo esto es verdad *a fortiori* si, saliendo de los límites de la individualidad, lo aplicamos a los estados superiores: el conocimiento verdadero de estos estados implica su posesión efectiva, e, inversamente, es por este conocimiento mismo como el ser toma posesión de ellos, pues estos dos actos son inseparables el uno del otro, e incluso podríamos decir que en el fondo no son más que uno. Naturalmente, esto no debe entenderse más que del conocimiento inmediato, que, cuando se extiende a la totalidad de los estados, conlleva en sí mismo su realización, y que es, por consiguiente, "el único medio de obtener la Liberación completa y final"[136]. En cuanto al conocimiento que ha quedado puramente teórico, es evidente que no podría equivaler de ninguna manera a una tal realización, y, al no ser una aprehensión inmediata de su objeto, no puede tener, como ya lo hemos dicho, más que un valor completamente simbólico; pero por eso no constituye menos una preparación indispensable a la adquisición de ese conocimiento efectivo por el que, y únicamente por el que, se opera la realización del ser total.

Debemos insistir particularmente, cada vez que se nos presenta la ocasión de ello, sobre esta realización del ser por el conocimiento, ya que es completamente extraña a las concepciones occidentales modernas, que no van más allá del conocimiento teórico, o más exactamente de una débil parte de éste, y que oponen artificialmente el "conocer" al "ser",

---

[136] *Atmâ-Bhoda* de Shankarâchârya (Ver *Idem*, XXII).

como si no fueran las dos caras inseparables de una sola y misma realidad[137]; no puede haber metafísica verdadera para quienquiera que no comprende verdaderamente que el ser se realiza por el conocimiento, y que no puede realizarse sino de esta manera. La doctrina metafísica pura no tiene que preocuparse, por poco que sea, de todas las "teorías del conocimiento" que elabora tan penosamente la filosofía moderna; en esos intentos de substitución del conocimiento por una "teoría del conocimiento", puede verse incluso una verdadera confesión de impotencia, aunque ciertamente inconsciente, por parte de esta filosofía, tan completamente ignorante de toda posibilidad de realización efectiva. Además, puesto que, como lo hemos dicho, el conocimiento verdadero es inmediato, puede ser más o menos completo, más o menos profundo, más o menos adecuado, pero no puede ser esencialmente "relativo" como lo querría esta misma filosofía, o al menos no lo es sino en tanto que sus objetos son ellos mismos relativos. En otros términos, hablando metafísicamente, el conocimiento relativo no es otra cosa que el conocimiento de lo relativo o de lo contingente, es decir, el que se aplica a lo manifestado; pero el valor de este conocimiento, en el interior de su dominio propio, es tan

---

[137] Ver todavía Introduction générale à l'étude des doctrines hindoues, 2ª parte, X.

grande como lo permite la naturaleza de ese dominio[138], y no
es así como lo entienden los que hablan de "relatividad del
conocimiento". Aparte de la consideración de los grados de
un conocimiento más o menos completo y profundo, grados
que no cambian nada su naturaleza esencial, la única
distinción que podamos hacer legítimamente, en cuanto al
valor del conocimiento, es la que ya hemos indicado entre el
conocimiento inmediato y el conocimiento mediato, es decir,
entre el conocimiento efectivo y el conocimiento simbólico.

---

[138] Eso se aplica incluso al simple conocimiento sensible que es también, en el orden inferior y limitado que es el suyo, un conocimiento inmediato, y por consiguiente necesariamente verdadero.

Capítulo XVI

Conocimiento y consciencia

Una consecuencia muy importante de lo que se ha dicho hasta aquí, es que el conocimiento, entendido absolutamente y en toda su universalidad, no tiene en modo alguno como sinónimo o como equivalente la consciencia, cuyo dominio es solo coextensivo al de algunos estados de ser determinados, de suerte que no es sino en esos estados, a exclusión de todos los demás, donde el conocimiento se realiza por medio de lo que se puede llamar propiamente una "toma de consciencia". La consciencia, tal como la hemos entendido precedentemente, inclusive en su mayor generalidad y sin restringirla a su forma específicamente humana, no es más que un modo contingente y especial de conocimiento bajo algunas condiciones, una propiedad inherente al ser considerado en algunos estados de manifestación; con mayor razón no podría tratarse de ella a ningún grado para los estados incondicionados, es decir, para todo lo que rebasa el Ser, puesto que ella no es ni siquiera aplicable a todo el Ser. Por el contrario, el conocimiento, considerado en sí mismo e independientemente de las condiciones correspondientes a algún estado particular, no puede admitir ninguna restricción, y, para ser adecuado a la verdad total, debe ser coextensivo, no solamente al Ser, sino a la Posibilidad universal misma, y, por consiguiente, ser infinito como ésta lo es necesariamente. Esto equivale a decir que conocimiento y verdad, considerados así metafísicamente, no son otra cosa en el fondo que lo que hemos llamado, con una expresión por lo demás muy imperfecta, "aspectos del Infinito"; y es lo que afirma con una particular claridad esta fórmula que es una de las enunciaciones fundamentales del *Vêdânta*: "Brahma es la Verdad, el Conocimiento, el Infinito" (*Satyam Jnânam Anantam Brahma*)[139].

Así pues, cuando hemos dicho que el "conocer" y el "ser" son las dos caras de una misma realidad, es menester no tomar el término "ser" más que en su sentido analógico y simbólico, puesto que el conocimiento va más lejos que el Ser; ocurre aquí como en los casos donde hablamos de la realización del ser total, puesto que esta realización implica esencialmente el conocimiento total y absoluto, y no es en

---

[139] *Taittirîyaka Upanishad*, 2º Vallî, 1ᵉʳ Anuvâka, shloka 1.

modo alguno distinta de este conocimiento mismo, en tanto que se trate, bien entendido, del conocimiento efectivo, y no de un simple conocimiento teórico y representativo. Y es éste el lugar de precisar un poco, por otra parte, la manera en que es menester entender la identidad metafísica de lo posible y de lo real: puesto que todo posible se realiza por el conocimiento, esta identidad, tomada universalmente, constituye propiamente la verdad en sí, ya que ésta puede ser concebida precisamente como la adecuación perfecta del conocimiento a la Posibilidad total[140]. Se ve sin esfuerzo todas las consecuencias que se pueden sacar de esta última precisión, cuyo alcance es inmensamente mayor que el de una definición simplemente lógica de la verdad, ya que aquí hay toda la diferencia entre el intelecto universal e incondicionado[141] y el entendimiento humano con sus condiciones individuales, y también, por otro lado, toda la

---

[140] Esta fórmula concuerda con la definición que Santo Tomás de Aquino da de la verdad como *adæquatio rei et intellectus*; pero en cierto modo es su transposición, porque hay lugar a tener en cuenta esta diferencia capital, a saber, que la doctrina escolástica se encierra exclusivamente en el Ser, mientras que lo que decimos aquí se aplica igualmente a todo lo que está más allá del Ser.

[141] Aquí, el término "intelecto" está transpuesto también más allá del Ser, y, por consiguiente, con mayor razón más allá de *Buddhi*, que, aunque de orden universal e informal, pertenece todavía al dominio de la manifestación, y por consecuencia no puede decirse incondicionada.

diferencia que separa el punto de vista de la realización del de una "teoría del conocimiento". La palabra "real" misma, habitualmente muy vaga, incluso equívoca, y que lo es forzosamente para los filósofos que mantienen la pretendida distinción de lo posible y de lo real, toma aquí un valor metafísico completamente diferente, al encontrarse referida a este punto de vista de la realización[142], o, para hablar de una manera más precisa, al devenir una expresión de la permanencia absoluta, en lo Universal, de todo aquello cuya posesión efectiva alcanza un ser por la total realización de sí mismo[143].

El intelecto, en tanto que principio universal, podría concebirse como el continente del conocimiento total, pero a condición de no ver ahí más que una simple manera de hablar, pues, aquí, donde estamos esencialmente, en la "no dualidad", el continente y el contenido son absolutamente idénticos, puesto que uno y otro deben ser igualmente infinitos, y puesto que una "pluralidad de infinitos", como ya lo hemos dicho, es una imposibilidad. La Posibilidad

---

[142] Se observará por lo demás el estrecho parentesco, que no tiene nada de fortuito, entre los términos "real" y "realización".

[143] Es esta misma permanencia la que se expresa de otra manera, en el lenguaje teológico occidental, cuando se dice que los posibles están eternamente en el entendimiento divino.

universal, que comprende todo, no puede ser comprendida por nada, si no es por sí misma, y se comprende a sí misma "sin que no obstante esta comprensión exista de una manera cualquiera"[144]; así pues, no puede hablarse correlativamente del intelecto y del conocimiento, en el sentido universal, sino como hemos hablado más atrás del Infinito y de la Posibilidad, es decir, viendo en ellos una sola y misma cosa, que consideramos simultáneamente bajo un aspecto activo y bajo un aspecto pasivo, pero sin que haya ahí ninguna distinción real. No debemos distinguir, en lo Universal, intelecto y conocimiento, ni, por consecuencia, inteligible y cognoscible: puesto que el conocimiento verdadero es inmediato, el intelecto no constituye rigurosamente más que uno con su objeto; no es sino en los modos condicionados del conocimiento, modos siempre indirectos e inadecuados, donde hay lugar a establecer una distinción, puesto que este conocimiento relativo se opera, no por el intelecto mismo, sino por una refracción del intelecto en los estados de ser considerados, y, como lo hemos visto, es una tal refracción la que constituye la consciencia individual; pero directa o indirectamente, hay siempre participación en el intelecto universal en la medida en que hay conocimiento efectivo, ya

---

[144] Risâlatul-Ahadiyah de Mohyiddin ibn Arabi (Ver L'Homme et son devenir selon le Vêdânta, cap. XV).

sea bajo un modo cualquiera, ya sea fuera de todo modo especial.

Puesto que el conocimiento total es adecuado a la Posibilidad universal, no hay nada que sea incognoscible[145], o, en otros términos, "no hay cosas ininteligibles, hay solo cosas actualmente incomprehensibles"[146], es decir, inconcebibles, no en sí mismas y de manera absoluta, sino solo para nosotros en tanto que seres condicionados, es decir, limitados, en nuestra manifestación actual, a las posibilidades de un estado determinado. Planteamos así lo que puede llamarse un principio de "universal inteligibilidad", no como se le entiende de ordinario, sino en sentido puramente metafísico, y, por consiguiente, más allá del dominio lógico, donde este principio, como todos los que son de orden propiamente universal (y que son los únicos que merecen verdaderamente

---

[145] Por consiguiente, rechazamos formalmente y de manera absoluta todo "agnosticismo", a cualquier grado que sea; por lo demás, se podría preguntar a los "positivistas", así como a los partidarios de la famosa teoría de lo "Incognoscible" de Herbert Spencer, lo que les autoriza a afirmar que hay cosas que no pueden ser conocidas, y esta cuestión correría mucho riesgo de quedar sin respuesta, tanto más cuanto que algunos parecen también, de hecho, confundir pura y simplemente "desconocido" (es decir, en definitiva lo que les es desconocido a ellos mismos) e "incognoscible" (Ver *Orient et Occident*, 1ª parte, cap. I, y *La Crise du Monde moderne*, pág. 98, ed. francesa).

[146] Matgioi, *La Vía Metafísica*, p. 86.

llamarse principios), no encontrará más que una aplicación particular y contingente. Bien entendido, esto no postula para nos ningún "racionalismo", todo lo contrario, puesto que la razón, esencialmente diferente del intelecto (sin la garantía del cual no podría por lo demás ser válida), no es nada más que una facultad específicamente humana e individual; hay pues, necesariamente, no decimos lo "irracional"[147], sino lo "suprarracional", y, en efecto, ese es un carácter fundamental de todo lo que es verdaderamente de orden metafísico: lo "suprarracional" no deja por eso de ser inteligible en sí, incluso si no es actualmente comprensible para las facultades limitadas y relativas de la individualidad humana[148].

Esto entraña todavía otra observación que hay que tener en cuenta para no cometer ninguna equivocación: como la palabra "razón", la palabra "consciencia" puede ser universalizada a veces, por una transposición puramente analógica, y nos mismo lo hemos hecho en otra parte para

---

[147] Lo que rebasa la razón, en efecto, no es por eso contrario a la razón, lo que es el sentido que se da generalmente al término "irracional".

[148] Recordamos a este propósito que un "misterio", entendido incluso en su concepción teológica, no es de ningún modo incognoscible o ininteligible, sino más bien, según el sentido etimológico de la palabra, y como lo hemos dicho más atrás, algo que es inexpresable, y, por consiguiente, incomunicable, lo que es completamente diferente.

traducir la significación del término sánscrito *Chit*[149]; pero una tal transposición no es posible más que cuando uno se limita al Ser, como era el caso entonces para la consideración del ternario *Satchitânanda*. Sin embargo, se debe comprender bien que, incluso con esta restricción, la consecuencia así transpuesta ya no se entiende en modo alguno en su sentido propio, tal como la hemos definido precedentemente, y tal como se le conservamos de una manera general: en este sentido, la consciencia no es, lo repetimos, sino el modo especial de un conocimiento contingente y relativo, como es relativo y contingente el estado de ser condicionado al que pertenece esencialmente; y, si se puede decir que la consciencia es una "razón de ser" para un tal estado, eso no es sino en tanto que es una participación, por refracción, en la naturaleza de ese intelecto universal y transcendente que es él mismo, final y eminentemente, la suprema "razón de ser" de todas las cosas, la verdadera "razón suficiente" metafísica que se determina a sí misma en todos los órdenes de posibilidades, sin que ninguna de esas determinaciones pueda afectarla en nada. Esta concepción de la "razón suficiente", muy diferente de las concepciones filosóficas o teológicas donde se encierra el pensamiento occidental, resuelve por lo

---

[149] L'Homme et son devenir selon le Vêdânta, cap. XIV.

demás inmediatamente muchas de las cuestiones ante las cuales éste debe confesarse impotente, y eso, al operar la conciliación del punto de vista de la necesidad y el de la contingencia; estamos aquí, en efecto, mucho más allá de la oposición de la necesidad y de la contingencia entendidas en su acepción ordinaria[150]; pero algunas aclaraciones complementarias no serán quizás inútiles para hacer comprender por qué esta cuestión no tiene que plantearse en metafísica pura.

---

[150] Decimos por lo demás que la teología, muy superior en eso a la filosofía, reconoce al menos que esta oposición puede y debe ser rebasada, aunque su resolución no se le aparezca con la evidencia que presenta cuando se considera desde el punto de vista metafísico. Es menester agregar que es sobre todo desde el punto de vista teológico, y en razón de la concepción religiosa de la "creación", por lo que esta cuestión de las relaciones de la necesidad y de la contingencia ha revestido desde el comienzo la importancia que ha guardado después filosóficamente en el pensamiento occidental.

Capítulo XVII

NECESIDAD Y CONTINGENCIA

Toda posibilidad de manifestación, hemos dicho más atrás, debe manifestarse por eso mismo de que ella es lo que es, es decir, una posibilidad de manifestación, de tal suerte que la manifestación está necesariamente implícita en principio en la naturaleza misma de algunas posibilidades. Así, la manifestación, que es puramente contingente en tanto que tal, por eso no es menos necesaria en su principio, del mismo modo que, transitoria en sí misma, posee no obstante una raíz absolutamente permanente en la Posibilidad universal; por lo demás, eso es lo que hace toda su realidad. Si fuera de otro modo, la manifestación no podría tener más que una existencia completamente ilusoria, e incluso podría considerársela como rigurosamente inexistente, puesto que, al ser sin principio, no guardaría más que un carácter esencialmente "privativo", como puede serlo el de una negación o el de una limitación considerada en sí misma; y la manifestación, considerada de esta manera, no sería en efecto nada más que el conjunto de todas las condiciones limitativas posibles. Solamente, desde que esas condiciones son posibles, son metafísicamente reales, y esta realidad, que no era más que negativa cuando se las concebía como simples limitaciones, deviene positiva, en cierto modo, cuando se las considera en tanto que posibilidades. Así pues, se debe a que la manifestación está implícita en el orden de las posibilidades por lo que tiene su realidad propia, sin que esta realidad pueda ser independiente de ninguna manera de este orden universal, ya que es ahí, y ahí solamente, donde tiene su verdadera "razón suficiente": decir que la manifestación es necesaria en su principio, no es otra cosa, en el fondo, que decir que está comprendida en la Posibilidad universal.

No hay ninguna dificultad en concebir que la manifestación sea así a la vez necesaria y contingente bajo puntos de vista diferentes, provisto que se preste mucha atención a este punto fundamental, a saber, que el principio no puede ser afectado por ninguna determinación, puesto que es esencialmente independiente de ellas, como la causa lo es de sus efectos, de suerte que la manifestación, necesitada por su principio, no podría, inversamente, necesitarle de ninguna manera. Así pues, es la "irreversibilidad" o la "irreciprocidad" de la relación que consideramos aquí la que resuelve toda la dificultad que se supone ordinariamente en esta cuestión[151], dificultad que no existe en suma sino porque se pierde de vista esta "irreciprocidad"; y, si se pierde de vista (suponiendo que se haya entrevisto alguna vez a algún grado), se debe a que, por el hecho de que uno se encuentra actualmente colocado en la manifestación, uno es llevado naturalmente a atribuir a ésta una importancia que, desde el punto de vista universal, no podría tener de ningún modo. Para hacer comprender mejor nuestro pensamiento a este respecto, podemos tomar aquí todavía un símbolo espacial, y decir que la manifestación, en su integralidad, es verdaderamente nula al respecto del Infinito, del mismo modo (salvo las reservas que exige siempre la imperfección de tales comparaciones) que un punto situado en el espacio es igual a cero en relación a ese espacio[152]; eso no quiere decir que este punto sea absolutamente nada (tanto más cuanto que existe necesariamente por eso mismo de que el espacio existe), sino

---

[151] Es esta misma "irreciprocidad" la que excluye igualmente todo "panteísmo" y todo "inmanentismo", así como lo hemos hecho observar en otra parte (*L'Homme et son devenir selon le Vêdânta*, cap. XXIV).

[152] Aquí se trata, bien entendido, del punto situado en el espacio, y no del punto principial del que el espacio mismo no es más que una expansión o un desarrollo.— Sobre las relaciones del punto y de la extensión, ver *Le Symbolisme de la Croix*, cap. XVI.

que no es nada bajo la relación de la extensión, es decir, es rigurosamente un cero de extensión; y la manifestación no es nada más, en relación al todo universal, de lo que es ese punto en relación al espacio considerado en toda la indefinidad de su extensión, y todavía con la diferencia de que el espacio es algo limitado por su propia naturaleza, mientras el Todo universal es el Infinito.

Debemos indicar aquí otra dificultad, pero que reside mucho más en la expresión que en la concepción misma: todo lo que existe en modo transitorio en la manifestación debe ser transpuesto en modo permanente en lo no manifestado; la manifestación misma adquiere así la permanencia que hace toda su realidad principial, pero ya no es la manifestación en tanto que tal, sino el conjunto de las posibilidades de manifestación en tanto que no se manifiestan, aunque, no obstante, implicando la manifestación en su naturaleza misma, sin lo cual serían otras que lo que ellas son. Las dificultades de esta transposición o de este paso de lo manifestado a lo no manifestado y a la obscuridad aparente que resulta de ello, son las que se encuentran igualmente cuando se quieren expresar, en la medida en que son expresables, las relaciones del tiempo, o más generalmente de la duración bajo todos sus modos (es decir, de toda condición de existencia sucesiva), y de la eternidad; y en el fondo se trata de la misma cuestión, considerada bajo dos aspectos un poco diferentes, y de los cuales el segundo es simplemente más particular que el primero, puesto que no se refiere más que a una condición determinada entre todas aquellas que conlleva lo manifestado. Todo eso, lo repetimos, es perfectamente concebible, pero es menester saber hacer aquí el lugar de lo inexpresable, como por lo demás en todo lo que pertenece al dominio metafísico; en lo que concierne a los medios de realización de una concepción efectiva, y no solo teórica, que se extienda a lo inexpresable inclusive, no podemos evidentemente hablar de ello en este estudio, puesto que las consideraciones de este orden no entran en el cuadro que al presente nos hemos asignado.

Volviendo a la contingencia, de una manera general, podemos dar de ella la definición siguiente: es contingente todo lo que no tiene en sí mismo su razón suficiente; y así se ve bien que toda cosa contingente por eso no es menos necesaria, en el sentido que es necesitada por su razón suficiente, ya que, para existir, debe tener una, pero que no está en ella, al menos en tanto que se considera bajo la condición especial donde tiene precisamente ese carácter de contingencia, carácter que ya no tendría si se considerara en su principio, puesto que se identificaría entonces a su razón suficiente misma. Tal es el caso de la manifestación, contingente como tal, porque su principio o su razón suficiente se encuentra en lo no manifestado, en tanto que esto comprende lo que podemos llamar lo "manifestable", es decir, las posibilidades de manifestación como posibilidades puras (y no, eso no hay que decirlo, en tanto que comprende lo "no manifestable" o las posibilidades de no manifestación). Así pues, principio y razón suficiente son en el fondo la misma cosa, pero es particularmente importante considerar el principio bajo este aspecto de razón suficiente cuando se quiere comprender en su sentido metafísico la noción de la contingencia; y es menester precisar todavía, para evitar toda confusión, que la razón suficiente es exclusivamente la razón de ser última de una cosa (última si se parte de la consideración de esta cosa para remontar hacia el principio, pero, en realidad, primera en el orden de encadenamiento, tanto lógico como ontológico, que va del principio a las consecuencias) y no simplemente su razón de ser inmediata, ya que todo lo que es bajo un modo cualquiera, incluso contingente, debe tener en sí mismo su razón de ser inmediata, entendida en el sentido en que decíamos precedentemente que la consciencia constituye una razón de ser para algunos estados de la existencia manifestada.

Una consecuencia muy importante de esto, es que se puede decir que todo ser lleva en sí mismo su destino, ya sea de una manera relativa (destino individual), si se trata solo del ser considerado en el interior de un cierto estado condicionado, ya sea de una manera absoluta, si se trata del ser en su totalidad, ya que "la palabra *destino* designa la verdadera razón de ser de las cosas"[153]. Solamente que el ser condicionado o relativo no puede llevar en él más que un destino igualmente relativo, referente exclusivamente a sus condiciones especiales de existencia; si, considerando el ser de esta manera, se quisiera hablar de su destino último o absoluto, éste ya no estaría en él, pero porque no es verdaderamente el destino de este ser contingente como tal, puesto que se refiere en realidad al ser total. Esta precisión basta para mostrar la inanidad de todas las discusiones que se refieren al "determinismo"[154]: se trata de una de esas

---

[153] Comentario Tradicional de Tcheng-tseu sobre el *Yi-King* (Ver *Le Symbolisme de la Croix*, cap. XXII).

[154] Se podría decir otro tanto de una buena parte de las discusiones relativas a la finalidad; es así, concretamente, como la distinción de la "finalidad interna" y de la "finalidad externa" no puede parecer plenamente válida sino en tanto que se admita la suposición antimetafísica de que un ser individual es un ser completo y que constituye un "sistema cerrado", puesto que, de otro modo, lo que es "externo" para el individuo puede, sin embargo, no ser menos "interno" para el ser verdadero, si la distinción que supone esta palabra le es todavía aplicable (Ver

cuestiones, tan numerosas en la filosofía occidental moderna, que no existen sino porque se plantean mal; por lo demás, hay muchas concepciones diferentes del determinismo, y hay también muchas concepciones diferentes de la libertad, cuya mayor parte no tienen nada de metafísico; así pues, importa precisar la verdadera noción metafísica de la libertad, y es con eso como terminaremos el presente estudio.

Le Symbolisme de la Croix, cap. XXIX); y es fácil darse cuenta de que, en el fondo, finalidad y destino son idénticos.

Capítulo XVIII

NOCIÓN METAFÍSICA DE LA LIBERTAD

Para probar metafísicamente la libertad, basta, sin embarullarse en todos los argumentos filosóficos ordinarios, con establecer que es una posibilidad, puesto que lo posible y lo real son metafísicamente idénticos. Para eso, podemos definir primero la libertad como la ausencia de constricción: definición negativa en la forma, pero que, aquí todavía, es positiva en el fondo, ya que es la constricción lo que es una limitación, es decir, una negación verdadera. Ahora bien, en cuanto a la Posibilidad universal considerada más allá del Ser, es decir, como el No Ser, no se puede hablar de unidad, como lo hemos dicho más atrás, puesto que el No Ser es el Cero metafísico, pero se puede al menos, empleando siempre la forma negativa, hablar de "no dualidad" (*adwaita*)[155]. Allí donde no hay dualidad, no hay necesariamente ninguna constricción, y eso basta para probar que la libertad es una posibilidad, desde

---

[155] Ver L'Homme et son devenir selon le Vêdânta, cap. XXII.

que resulta inmediatamente de la "no dualidad", que está evidentemente exenta de toda contradicción.

Ahora, puede agregarse que la libertad es, no solo una posibilidad, en el sentido más universal, sino también una posibilidad de ser o de manifestación; basta aquí, para pasar del No Ser al Ser, con pasar de la "no dualidad" a la unidad: el Ser es "uno" (puesto que el Uno es el Cero afirmado), o más bien es la Unidad metafísica misma, primera afirmación, pero también, por eso mismo, primera determinación[156]. Lo que es uno está manifiestamente exento de toda constricción, de suerte que la ausencia de constricción, es decir, la libertad, se rencuentra en el dominio del Ser, donde la unidad se presenta en cierto modo como una especificación de la "no dualidad" principial del No Ser; en otros términos, la libertad pertenece también al Ser, lo que equivale a decir que es una posibilidad de ser, o según lo que hemos explicado precedentemente, una posibilidad de manifestación, puesto que el Ser es ante todo el principio de la manifestación. Además, decir que esta posibilidad es esencialmente inherente al Ser como consecuencia inmediata de su unidad, es decir que se manifestará, a un grado cualquiera, en todo lo que procede del Ser, es decir, en todos los seres particulares,

---

[156] Ver *L'Homme et son devenir selon le Vêdânta*, cap. VI.

en tanto que pertenecen al dominio de la manifestación universal. Solamente que, desde que hay multiplicidad, como es el caso en el orden de las existencias particulares, es evidente que ya no puede tratarse sino de una libertad relativa; y se puede considerar, a este respecto, ya sea la multiplicidad de los seres particulares mismos, ya sea la de los elementos constitutivos de cada uno de ellos. En lo que concierne a la multiplicidad de los seres, cada uno de ellos, en sus estados de manifestación, está limitado por los otros, y esta limitación puede traducirse por una restricción de la libertad; pero decir que un ser cualquiera no es libre a ningún grado, sería decir que no es él mismo, que él es "los otros", o que no tiene en sí mismo su razón de ser, ni siquiera inmediata, lo que, en el fondo, equivaldría a decir que no es en modo alguno un ser verdadero[157]. Por otra parte, puesto que la unidad del Ser es el principio de la libertad, tanto en los seres particulares como en el Ser universal, un ser será libre en la medida en la que participe de esta unidad; en otros términos, será tanto más libre cuanta más unidad tenga en sí

---

[157] Todavía se puede hacer observar que, puesto que la multiplicidad procede de la unidad, en la cual está implícita o contenida en principio, no puede destruir de ninguna manera la unidad, ni lo que es una consecuencia de la unidad, como la libertad.

mismo, o cuanto más sea "uno"[158]; pero, como ya lo hemos dicho, los seres individuales jamás lo son sino relativamente[159]. Por lo demás, importa destacar, a este respecto, que no es precisamente la mayor o menor complejidad de la constitución de un ser lo que le hace más o menos libre, sino más bien el carácter de esta complejidad, según que esté más o menos unificada efectivamente; esto resulta de lo que ha sido expuesto precedentemente sobre las relaciones de la unidad y de la multiplicidad[160].

---

[158] Todo ser, para ser verdaderamente tal, debe tener una cierta unidad cuyo principio lleva en sí mismo; en este sentido, Leibnitz ha tenido razón al decir: "Lo que no es verdaderamente *un* ser ya no es tampoco verdaderamente un *ser*"; pero esta adaptación de la fórmula escolástica *"ens et unum convertuntur"* pierde en él su alcance metafísico por la atribución de la unidad absoluta y completa a las "substancias individuales".

[159] Por lo demás, es en razón de esta relatividad por lo que se puede hablar de grados de unidad, y también, por consiguiente, de grados de libertad, ya que no hay grados más que en lo relativo, y ya que lo que es absoluto no es susceptible de "más" o de "menos" ("más" y "menos" deben tomarse aquí analógicamente, y no solo en su acepción cuantitativa).

[160] Es menester distinguir entre la complejidad que no es más que pura multiplicidad y la que es por el contrario una expansión de la unidad (*Asrâr-rabbâniyah* en el esoterismo islámico: ver *L'Homme et son devenir selon le Vêdânta*, cap. IX, y *Le Symbolisme de la Croix*, cap. IV); se podría decir que, en relación a las posibilidades del Ser, la primera se refiere a la "substancia", y la segunda a la "Esencia".— Se podrían considerar del mismo modo las relaciones de un ser con los otros (relaciones que, para este ser considerado en el estado en el que tienen lugar, entran como elementos en la complejidad de su naturaleza,

Así pues, considerada de esta manera, la libertad es una posibilidad que, a grados diversos, es un atributo de todos los seres, cualesquiera que sean y en cualquier estado que se sitúen, y no solo del hombre; la libertad humana, la única en causa en todas las discusiones filosóficas, ya no se presenta aquí sino como un simple caso particular, lo que ella es en realidad[161]. Por lo demás, lo que más importa metafísicamente, no es la libertad relativa a los seres manifestados, como tampoco la de los dominios especiales y restringidos donde es susceptible de ejercerse; lo que más importa metafísicamente es la libertad entendida en el sentido

---

puesto que forman parte de sus atributos como otras tantas modificaciones secundarias de sí mismo) bajo dos aspectos aparentemente opuestos, pero en realidad complementarios, según que, en esas relaciones, el ser de que se trata se asimile a los demás o sea asimilado por ellos, constituyendo esta asimilación la "comprehensión" en el sentido propio de la palabra. La relación que existe entre dos seres es a la vez una modificación del uno y del otro; pero se puede decir que la causa determinante de esta modificación reside en aquel de los dos seres que actúa sobre el otro, o que se le asimila cuando la relación se toma bajo el punto de vista precedente, que es, no ya el de la acción, sino el del conocimiento en tanto que implica identificación entre sus dos términos.

[161] Importa poco que algunos prefieran llamar "espontaneidad" a lo que llamamos aquí libertad, a fin de reservar especialmente este último nombre a la libertad humana; este empleo de dos términos diferentes tiene el inconveniente de poder hacer creer fácilmente que ésta es de otra naturaleza, cuando no se trata más que de una diferencia de grados, o que constituye al menos una suerte de "caso privilegiado", lo que no es sostenible metafísicamente.

universal, y que reside propiamente en el instante metafísico del paso de la causa al efecto, puesto que la relación causal debe transponerse por lo demás analógicamente de una manera conveniente para poder aplicarse a todos los órdenes de posibilidades. Puesto que esta relación causal no es y no puede ser una relación de sucesión, la efectuación debe considerarse aquí esencialmente bajo el aspecto extratemporal, y eso tanto más cuanto que el punto de vista temporal, especial a un estado determinado de existencia manifestada, o más precisamente todavía a algunas modalidades de ese estado, no es de ninguna manera susceptible de universalización[162]. La consecuencia de esto, es que ese instante metafísico, que nos parece inaprehensible, puesto que no hay ninguna solución de continuidad entre la causa y el efecto, es en realidad ilimitado, y, por consiguiente, rebasa el Ser, como lo hemos establecido en primer lugar, y es coextensivo a la Posibilidad total misma; constituye lo que se puede llamar figurativamente un "estado de consciencia

---

[162] La duración misma, entendida en el sentido más general, como condicionando toda existencia en modo sucesivo, es decir, como comprendiendo toda condición que corresponda analógicamente al tiempo en otros estados, tampoco podría ser universalizada, puesto que, en lo Universal, todo debe ser considerado en simultaneidad.

universal"[163], que participa de la "permanente actualidad" inherente a la "causa inicial" misma[164].

En el No Ser, la ausencia de constricción no puede residir más que en el "no actuar" (el *wou-wei* de la tradición extremo oriental)[165]; en el Ser, o más exactamente en la manifestación, la libertad se efectúa en la actividad diferenciada, que, en el estado individual humano, toma la forma de la acción en el sentido habitual de esta palabra. Por lo demás, en el dominio de la acción, e incluso de toda la manifestación universal, la "libertad de indiferencia" es imposible, porque es propiamente el modo de libertad que conviene a lo no manifestado (y que, hablando rigurosamente, no es de ninguna manera un modo especial)[166], es decir, que no es la libertad en tanto que posibilidad de ser, o todavía la libertad

---

[163] Esto deberá aproximarse a lo que hemos dicho más atrás sobre las reservas que conviene hacer cuando se quiere universalizar el sentido del término "consciencia" por transposición analógica. — La expresión empleada aquí es, en el fondo, casi equivalente a la de "aspecto del Infinito", que tampoco puede tomarse literalmente.

[164] Ver Matgioi, *La Vía Metafísica*, pp. 73-74.

[165] La "Actividad del Cielo" en sí misma (en la indiferenciación principal del No Ser), es no actuante y no manifestada (Ver *Le Symbolisme de la Croix*, cap. XXIII).

[166] Ella no lo deviene más que en su concepción filosófica ordinaria, que es, no solo errónea, sino verdaderamente absurda, ya que supone que algo podría existir sin tener ninguna razón de ser.

que pertenece al Ser (o a Dios concebido como el Ser, en sus relaciones con el Mundo entendido como el conjunto de la manifestación universal), y, por consiguiente, a los seres manifestados que están en su dominio y que participan de su naturaleza y de sus atributos según la medida de sus propias posibilidades respectivas. La realización de las posibilidades de manifestación, que constituyen todos los seres en todos sus estados manifestados y con todas las modificaciones, acciones u otras, que pertenecen a esos estados, esta realización, decimos, no puede reposar pues sobre una pura indiferencia (o sobre un decreto arbitrario de la Voluntad divina, según la teoría cartesiana bien conocida, que pretende por lo demás aplicar esta concepción de la indiferencia a la vez a Dios y al hombre)[167], sino que está determinada por el orden de la posibilidad universal de manifestación, que es el Ser mismo, de suerte que el Ser se determina a sí mismo, no solo en sí mismo (en tanto que es el Ser, primera de todas las determinaciones), sino también en todas sus modalidades, que son todas las posibilidades particulares de manifestación. Es solo en estas últimas, consideradas "distintivamente" e incluso bajo el aspecto de "separatividad", donde puede haber

---

[167] No indicamos la traducción en términos teológicos sino para facilitar la comparación que se puede establecer con los puntos de vista habituales al pensamiento occidental.

determinación por "otro que sí mismo"; dicho de otro modo, los seres particulares pueden a la vez determinarse (en tanto que cada uno de ellos posee una cierta unidad, y por ende una cierta libertad, como participante del Ser) y ser determinados por otros seres (en razón de la multiplicidad de los seres particulares, no reducida a la unidad en tanto que se consideran bajo el punto de vista de los estados de existencia manifestada). El Ser universal no puede ser determinado, sino que se determina a sí mismo; en cuanto al No Ser, no puede ni ser determinado ni determinarse, puesto que está más allá de toda determinación y puesto que no admite ninguna.

Por lo que precede, se ve que la libertad absoluta no puede realizarse sino por la completa universalización: será "autodeterminación" en tanto que coextensiva al Ser, e "indeterminación" más allá del Ser. Mientras que una libertad relativa pertenece a todo ser bajo cualquier condición que sea, esta libertad absoluta no puede pertenecer más que al ser liberado de las condiciones de la existencia manifestada, individual o incluso supraindividual, y deviniendo absolutamente "uno", en el grado del Ser puro, o "sindualidad" si su realización rebasa el Ser[168]. Es entonces, y únicamente entonces, cuando se puede hablar del ser "que es

---

[168] Ver L'Homme et son devenir selon le Vêdânta, cap. XV y XVI.

él mismo su propia ley"[169], porque ese ser es plenamente idéntico a su razón suficiente, que es a la vez su origen principial y su destino final.

---

[169] Sobre esta expresión que pertenece más particularmente al esoterismo islámico, y sobre su equivalente *swêchchhâchârî* en la doctrina hindú, ver *Le Symbolisme de la Croix*, cap. IX. — Ver también lo que se ha dicho en otra parte sobre el estado del *Yogî* o del *jivan-mukta* (Ver *L'Homme et son devenir selon le Vêdânta*, cap. XXIII y XXIV).

Otros libros de René Guénon

Omnia Veritas Ltd presenta:
RENÉ GUÉNON
EL ERROR ESPIRITISTA

En nuestra época hay muchas otras "contraverdades" que es bueno combatir...

Entre todas las doctrinas "neoespiritualistas", el espiritismo es ciertamente la más extendida

OMNIA VERITAS LTD PRESENTA:
RENÉ GUÉNON
EL REINO DE LA CANTIDAD Y LOS SIGNOS DE LOS TIEMPOS

« Porque todo lo que existe de alguna manera, incluso el error, necesariamente tiene su razón de ser »

... y el desorden en sí mismo debe encontrar su lugar entre los elementos del orden universal

Omnia Veritas Ltd presenta:
RENÉ GUÉNON
APERCEPCIONES SOBRE LA INICIACIÓN

«A menudo nos concentramos en los errores y confusiones que se hacen sobre la iniciación...»

Somos conscientes del grado de degeneración al que ha llegado el Occidente moderno ...

OMNIA VERITAS LTD PRESENTA:
RENÉ GUÉNON
EL TEOSOFISMO
HISTORIA DE UNA SEUDORELIGIÓN

"Nuestra meta, decía entonces Mme Blavatsky, no es restaurar el hinduismo, sino barrer al cristianismo de la faz de la tierra"

El término teosofía sirvió como una denominación común para una variedad de doctrinas

Omnia Veritas Ltd presenta:
RENÉ GUÉNON
INICIACIÓN
Y
REALIZACIÓN ESPIRITUAL

« Necedad e ignorancia pueden reunirse en suma bajo el nombre común de incomprensión »

La gente es como un "reservorio" desde el cual se puede disparar todo, lo mejor y lo peor

OMNIA VERITAS LTD PRESENTA:
RENÉ GUÉNON
INTRODUCCIÓN GENERAL
AL ESTUDIO DE
LAS DOCTRINAS HINDÚES

« Muchas dificultades se oponen, en Occidente, a un estudio serio y profundo de las doctrinas orientales »

... este último elemento que ninguna erudición jamás permitirá penetrar

www.omnia-veritas.com

www.ingramcontent.com/pod-product-compliance
Lightning Source LLC
Chambersburg PA
CBHW050819160426
43192CB00010B/1824